99%の人が気づいていないお金の正体

堀江貴文

宝島社

まえがき

人間は、とにかく「ドM」だ。


本質的に、なんらかの「フォーマット」にはまっていないと不安で仕方がない。

「普通はこうだ」。「そんなの常識的に考えておかしい」。

こんなことを平気で言うオジサンやオバサンは君たちの周りにも多いことだろう。


お金もそんな「フォーマット」の一種である。

つまり、人間がつくりあげたフィクションにすぎない。


言うまでもなく1万円札はただの紙切れだ。

ただの紙切れなのに、1万円分のモノやサービスと交換できるのはどうしてか。

それは、社会の大多数の人が「1万円札には1万円の価値がある」と信じているからだ。


まさに「常識」と一緒だ。「これは正しい」と信じる人がたくさんいれば、たとえ無茶苦茶な理屈やこじつけであっても、それは常識と呼ばれるようになる。

同様に「円で買い物できる」と信じる人がたくさんいれば、1万円札はただの紙切れではなくなる。


お金の正体とはスバリ、「信用」だ。

君たちが後生大事に財布にしまいこんでいるのは、信用の多寡に「100円」、「1000円」と数字をつけ、金属片や紙切れに置き換えただけのシロモノなのだ。

2019年に金融庁の「老後2000万円問題」が大炎上したように、世の人々のお金にまつわる心配は尽きることがない。お金という「ただの紙切れ」、つまりフィクションに翻弄され四苦八苦している人たちを、申し訳ないが僕は「ドM」だと考える。

「フォーマット」にはまった生き方をしていれば、自分の頭でいちいち思考する必要がない。悩む必要がない。そういう意味においてはラクではあるのかもしれない。

しかし、惰性《だせい》でみんなと同じ行動をとっていては、一生バカをみる。

どうしたら、お金に縛られずに生きられるのか？
どうしたら、物事の本質を見抜けるようになるのか？

近年、サブスクリプションやシェアリング・エコノミー、市場開放など、従来の「フォーマット」にはまらない経済の営みがどんどん生まれ活性化している。
本書はお金の「教科書」として、その本質を紐解くとともに、最新の経済の動きについてもキャッチアップしている。

まえがきに代えて、僕は、君たちのお金の常識を「ぶっ壊す」つもりで本書を上梓《じょうし》したことをお伝えしておこう。

堀江貴文

99%の人が気づいていないお金の正体　目次

第1章 お金とは何か？

第2章

お金の「常識」は間違いだらけ

第3章

国がやることは信じるな

第4章 マネー革命が始まっている

第5章

信用があればお金はいらない

装丁・本文デザイン　小口翔平＋岩永香穂（tobufune）
帯写真　柚木大介
本文DTP　inkarocks
構成　荒井香織
編集協力　太田垣百合子、田渕徹、蒔苗太一

第1章

お金とは何か?

01

お金の起源

信用がない相手と取引しようというときお金が必要になった

1万円札の製造コストはたった二十数円なのに、なぜか人々はその紙切れ1枚で1万円分の買い物ができることを信じて疑わない。たった100枚か200枚の紙切れほしさに他人を殺したり、困り果てて首を吊ろうとする者までいるくらいだ。

一方で、「人生ゲーム」で使われる模擬紙幣を店にもっていったところで、10円のガムすら買えない。あの紙切れのために他人を傷つけたり、命を絶とうとするバカはもちろんいない。

1万円札の価値が成立するのは、「お金教」ともいうべき一種の宗教を誰もが信じているからだ。「この紙には1万円の価値がある」という「信用」が、社会の中でシェアされていると言い換えてもいい。

どうして「お金」が必要になったのか？

僕たちの遠い祖先が狩猟・採集によって暮らしていた時代には、お金なんて必要なかった。コミュニティ内で自給自足の生活が完結していたのだ。村落丸ごと、現代人が考える「家族」という感覚に近かったと思う。親密なコミュニティでは、価値の交換なんていう面倒なことをしなくても、助け合いによってみんなが生きのびることができる。

しかし、コミュニティ同士がつながろうとするときにはお金が必要になる。よその共同体の人の顔は見えない。つまり他人に対して信用がないから、信用のしるしをいったんお金に置き換える必要が出てくるのだ。

世界最古の貨幣は、紀元前7世紀にリディア王国（現在のトルコ）で生まれたそうだ。諸説あるのだが、日本で一番古い貨幣は、7世紀後半の飛鳥時代につくられた「富本銭《ふほんせん》」だといわれている。8世紀に入ると、教科書でもおなじみの「和同開珎《わどうかいちん》」が登場しているが、どちらも全国的に流通することはなかった。理由は単純で、そんなお金にはちっとも信用が置けなかったからだ。

お金の歴史は意外に長いのだが、人々が手放しでお金を信用するようになったのは、ごく最近のことだ。それまではごく当たり前に、経済の営みは物々交換メインで行なわれていた。

「物品貨幣」という裏ワザの登場

コミュニティの規模が大きくなり、インフラが整備されると、人やモノはダイナミックに移動を始める。交換したいモノやサービスのジャンルが増えてくると、「顔が見えない人」との取引のニーズは高まるが、物々交換のマッチングは難しくなる。

たとえば、釣ったイワナをタケノコと交換したい、という人がいたとする。しかし、タケノコを持て余していて、なおかつイワナを欲しがっている人を見つけるのはかなりハードだ。

そこで頭のいい人たちが登場し、「物品貨幣」という裏ワザを生み出した。売りに出したいものをいったん米や塩、織物や宝飾品など、腐ったり劣化したりしにくく、値打ちのあるものと交換しておいて、手元に保管する。欲しいモノやサービスが出てきたときには、これらの物品貨幣を売りに出せばいい。

また、何度も同じ相手と取引していると、「こいつは信用できる奴だ」という信頼感が生まれることもある。「お前のことは信用しているから、あと払いでも構わないぜ。借用書だけ一筆書いといてくれや」なんていうディールが成り立てば、その場でリアルな品物を交換しなくても、約束で取引が成立するのだ。実は、現代社会でいう「信用取引」「レバレッジ取引」の原点がここにある。

仮想通貨のビットコインを「胡散《うさん》くさい」「詐欺の匂いがする」などと色眼鏡で見る人に、僕は質問したい。「ところで君たちは、1万円札に永遠の価値があると本気で信じているのか?」と。国家が力を失って信用をなくせば、紙幣なんて一晩で紙切れと化す。株式投資の世界だって同じだ。ＪＡＬが破綻したときには株券が紙切れ同然になったではないか。

一方で、信用さえシェアされていれば、仮想通貨だって1万円札や５００円玉と同等の価値をもつ。Ｔポイントや航空会社のマイルだってそうだ。ユーザーの間で、「お金と同じ価値がある」という信用がシェアされているから、Ｔポイントもマイルも、円に劣らぬ価値をもって買い物に使うことができるのだ。

「売りたい人」と「買いたい人」が、上下関係のない対等な関係をもって水平につながる。モノやサービスを交換しながら、お互いがともに発展していく。売り手と買い手を「ピア・トゥ・ピア」(peer to peer)、つまり対等な個人として直接マッチングするビットコインやメルカリ、クラウドファンディングは、21世紀版の「かたちを変えた物々交換」といえるだろう。

コミュニティにおける信用さえあれば、国家が価値を保障するお金ばかりにとらわれる必要はない。社会の変化に応じてかたちを変え進化していった仮想通貨やポイントを使い、自由に取引していけばいい。

お金とは時代に応じて、まるで生き物のように進化していくものなのだ。

The Truth about Money

01

□ 1万円札は製造コストたった二十数円の「紙切れ」である

□ 親密なコミュニティ内ではお金（＝信用をいちいちモノに置き換えること）は必要ない

□ お金のかたちは時代に応じて進化していくもの

02

お金の歴史

なぜ、中国の銅貨が江戸時代まで日本で流通していたのか

物々交換の取引をするとき、何俵もの米をいちいち運ぶのは面倒だ。米1俵は4斗（15キログラム×4）だから、10俵を運ぶともなれば600キログラムもの荷物を取引場所まで運ばなければならない。そこでお金が誕生した。持ち運びがラクチン、そして誰もが簡単には入手できない珍しい貝殻や貴金属が「商品」の代わり、つまりお金として利用されるようになったのだ。

やがて、オフィシャルなお金（＝貨幣）をつくろうとするリーダーたちも現れる。前項でも触れたが、7世紀終わりごろには「富本銭《ふほんせん》」という銅貨がつくられ、708年には同じく銅貨の「和同開珎《わどうかいちん》」が登場。だがこれらは民衆に受け入れられなかった。

米ドルなみに支持されていた、中国の「永楽通宝」

どうして富本銭や和同開珎は、「銭」や「円」のように流通しなかったのだろう？　それは、お金を製造したリーダーたちの影響力が小さすぎたからだ。

15世紀初めには、中国の明で「永楽通宝」という銅貨が鋳造《ちゅうぞう》された。このコインは日本に輸入され、なんと江戸時代初期まで広く日本で使われている。永楽通宝が日本で流通した理由は単純明快。当時の中国王朝「明」の国力が圧倒的だったからだ。強国の明で実際に使われているお金のほうが断然、信用度が高かったというわけである。

同じことは現代にも当てはまる。ずいぶん前に、モンゴルへ出かけたことがある。興味深いことに、当時、現地では誰もモンゴル政府の公式通貨(トゥグルグ)なんて使っておらず、みんな米ドルを使っていた。僕も米ドルで支払いを済ませたら地元の人にとても喜ばれたことを覚えている。

また、2007~09年にかけて、ジンバブエではすさまじいハイパーインフレが猛威を振るった。インフレは前月比800億パーセントまで悪化した。北朝鮮でも、金日成《キムイルソン》の肖像画などが印刷されたウォン札にたいした価値はなく、闇市で絶大な信頼を得ているのは米ドルであり日本円だという。

人々の間で「信用」が共有されていないお金は流通しない。ジンバブエドルなんてまったく価値がないし、もっていても邪魔になるだけだから、たき火の燃料として使われていたくらいだ。政府に対する信用が少ないときには、オフィシャルな通貨以外のものがお金の代用品として使われるのは、ごく当たり前のことなのだ。

「米＝お金」だった江戸時代

日本のリーダーが広く使われる貨幣（寛永通宝）を初めて純国産化したのは、徳川家光の時代の1636年。このころになっても人々の貨幣に対する信用度はまだ低く、江戸時代に厳然たる力をもっていたのは、貨幣ではなく米だった。その証拠として、税金は米で徴収されており（年貢）、武士（役人）の給料は米で支払われていた。物品貨幣として、米がお金の代わりを務めていたわけだ。

経済力（一種のGDP）も、お金ではなく米の生産高で示した。北陸地方の加賀藩（加賀・能登・越中）は「加賀百万石《ひゃくまんごく》」として知られる。「1石」とは、だいたい「1人の大人が1年間に消費する米の量」だ。つまり「加賀百万石」とは、加賀藩が人口約100万人を飢え死にさせることのない豊かな経済力をもつ自治体だったことを意味する。

1730年には、大坂・堂島《どうじま》に「米会所《こめかいしょ》」が設立された。ここでは蔵屋敷が発行した「米切手《こめきって》」（米札《べいさつ》）という証券が売買されている。リアルな米がない状態でも、信用に基づいて取引がなされることもあった。世界初の先物取引のはしりだ。大金融市場「シカゴ・マーカンタイル取引所」の前身がオープンしたのは1898年のことだから、大坂はシカゴより100年以上も早く先物取引を始めていたことになる。

江戸時代には、ズッシリ重たい大判小判や銀貨を預かって「預り証」を発行する両替商というビジネスも生まれた。預り証とは、信用に基づく「仮想紙幣」のようなものだ。「この紙切れはいつでも金貨や銀貨に交換できるんだ」という信用に裏打ちされ、両替商は人々のくらしに定着した。

その後、明治政府が発足すると、1871年に「円」が誕生する。そして1932年からは、「円」は本物の金《きん》と交換できなくなった。20世紀前半になってようやく、民衆は貨幣というバーチャルな存在を受け入れるようになったのだ。

その日本が戦争で負けると、円の信用は失墜する。食糧難に苦しむ都市部の人々は、はるばる農村部へ出向いて野菜や米を買い求めたが、日本政府発行のお金なんて、農家の人には見向きもされなかった。

1万円札はしょせん、ただの紙切れだ。ひとたび金融危機やハイパーインフレの嵐に巻きこまれれば、その価値は暴落する。

通貨の歴史を振り返り、その本質を知れば、電子マネーや仮想通貨を毛嫌いするのはおかしいことだと気づくだろう。信用さえ担保されていれば、ビットコインだって1万円札と同じ、いやそれ以上の価値をもつ可能性もあるのだ。

The Truth about Money

02

□ モノの価値を、ポータブルなレア品に置き換えたのがお金のはじまり

□ 大坂はシカゴより100年以上も早く「先物取引」を始めていた

□ 1万円札に1万円の価値があるのは1万円札（を発行する日本政府）に信用があるからだ

03

お金の正体

信用さえあれば全財産を失ってもノーダメージだ

まるで学校のお勉強のようではあるが、一般的にお金が「果たしている」とされる、3つの役割についてまとめよう。

①価値の交換ができる

「お金でモノを買う」という行為は、すごくシンプルにいえば「お金とモノの交換」だ。実質的には物々交換と変わらない。日本の多くのサラリーマンは労働の対価をいったん「円」で受け取り、その円で買い物、つまり「○○円」という値札のついた商品と交換しているのだ。

②価値の保存ができる

最高級A5ランクの和牛や最上級品とされる丹波のマツタケにいくらズバ抜けた価値があるといっても、何年、何十年もの間、そのおいしさをキープしながら保存しておくことは難しいだろう。高級食材を売って、いったんお金に交換しておけば、いつまでも価値の保存ができるわけだ。

③モノやサービスの価値の尺度になる

モノやサービスに値段をつけることによって（その価格が適正かどうかはさておき）、価値を数値化できる。お金という共通のモノサシがあるおかげで、みんながわかりやすく客観的に、モノやサービスの価値を計れるようになる。

①〜③はいずれも、世の中の大多数の人が「お金＝価値があるもの」と認めていることを大前提として成り立っていることだ。つまりお金の本質は「信用」にある。すでに説明したように、この信用さえあれば価値を交換するときに利用する「しるし」は、コインやお札でなくとも一向に構わない。

１本のタバコ、１冊の本が「お金」の代わりになる

僕は２０１１年６月から１年９カ月間にわたって、長野刑務所で服役していた。刑務所内では、受刑者同士が食事を交換することがかたく禁じられている。もし見つかれば、即刻懲罰をくらう。生活を制限された特殊な環境のもとでは、おかず１品がお金に等しい価値をもつことがある。つまり、かたちを変えた「お金」によって、受刑者の間で「格差」が生じることを防いでいるというわけだ。

アフガニスタンやイラク、シリアといった危険地帯を取材する戦場ジャーナリストは、マルボロをワイロ代わりに差し出すと効果てきめんだと聞く。ただでさえ輸入関税がかかって高価な洋モクは、貧困地帯や戦場ではお金以上の価値をもったりするのだ。

ちなみに刑務所では、雑居房で同室になった人たち同士であれば、本の回し読みが許さ

れていた。身寄りがない受刑者は、当然ながらシャバからの差し入れなんて期待できない。娯楽の乏しい刑務所では、1冊の本が一種の疑似通貨として機能する場面さえあったかもしれない。

前項で解説したとおり、お金が広く信用されるようになったのは、ごく最近になってからのことだ。原始の時代に立ち返れば、人々はコミュニティ単位の自給自足生活をベースに支え合って生きてきたことがわかるだろう。そこにはギブ・アンド・テイクという利益授受の考え方や、物々交換の必要すらなかった。

人類の歴史は群れの暮らし（集団生活）を基本としてきた。だから、たった数名のメンバーで構成される「家庭」が重視される現代は、長い人類史においてきわめてレアで、「異常な状態」だともいえる。

「お金」ではなく、「信用」を貯めろ！

服役中、いわゆる「市場経済」から完全に切り離された特殊な空間にいた僕は、お金がいかに空虚な存在であるか、改めて実感したものだ。当たり前だが、受刑者である限り、どんな莫大な資産をもっていても自分が欲しいものを自由に手に入れることはできない。

一方で、友人や知人とのつながりは誰にも奪われることがないものだった。

ひっきりなしに手紙を書いて送ってくれたり、はるばる長野まで面会に来てくれた友人もいた。これはどういうことかというと、僕自身に信用があった、ということだろう。信用さえあれば、困ったときには必ず誰かが助けてくれる。どんな窮地に立たされても、人とのつながりがあれば、必ず再起できる。信用を貯めることこそ、何よりも大切であると思い知らされた。

信用を失わない限り、たとえ僕が一文無しになったとしても、友人や知人から、食事や飲み、遊びの誘いが途絶えることはないと思う。むしろ「今、ヒマなんじゃないの？」とばかり、仕事のアポが殺到してしまう可能性すらあるだろう。

お金は信用を数値化したものにすぎない。もちろん、お金はないよりもあったほうがずっといいけれど、お金を稼ぐことに集中する以上に、周りの人からの信用を貯める努力を重ねたほうがいい。

信用がジャブジャブ潤沢に溜まっていれば、極端な話、お金も仕事もあとから自然とついてくるものなのだ。

The Truth about Money

03

□ お金によって価値の交換・保存ができ価値を数値化することもできる

□ 「お金の本質＝信用」である

□ 「信用される人間」になればお金も仕事もあとから自然とついてくる

04

仮想通貨

円やドルは信用できるという共同幻想から目を覚ませ

僕から見れば、かなりゆっくりなペースではあるが、2019年10月の消費増税にともない、ようやく日本でもキャッシュレス化が推進されつつある。

クレジットカードの「credit」とは文字どおり「信用」を意味する。審査機関から「信用（=支払い能力）がある」と認められた利用者に限り、月額数十万円、数百万円といった範囲内で支払いを立て替えられる。とてつもない支払い能力があると認められている人には、フェラーリだろうがプライベートジェットだろうが一括で「即買い」できる、上限ナシのカードが付与されるケースまである。

いまやSuicaやnanacoは小学生だって平気で使っているし、すでに「フロッピーディスクを見たことがない世代」がいるように、将来、「現金を見たことがない世代」が出現する可能性もある。これはごく自然な流れだといえる。

世界ではすでに、クレジットカードや電子マネーの先を行く決済システム「仮想通貨」が急速に広まっている。ビットコインはその代表格だ。

1万円札に1万円分の価値があることは、日本銀行が保証しているものとされる。銀行口座に預けたお金の管理は、金融機関が責任をもって行なう。国や銀行がしっかり管理しているから「円」の価値は安定していると考えられている。

ビットコインはどうやって「信用」を担保しているのか？

では、ビットコインはどうやって信用を担保しているのだろう。ビットコインは「ブロックチェーン」と呼ばれる、独自開発の技術を採用した。ブロックチェーンとは、いわばビットコインの取引台帳だ。ユーザーたちはブロックチェーンの取引履歴を共有し、「ピア・トゥ・ピア」（対等な関係）の取引をネットワーク上で進める。

2013年3月に長野刑務所から出所した僕が、アイフォン（iPhone）をいじりまくってネット環境の変化にキャッチアップしようとしていたころのこと。ツイッターのプロフィール欄で自分のビットコインアドレスを公開していたところ、あるとき、ツイッターを通してビットコインのヘビーユーザーが僕にビットコインを「投げ銭」してくれた。「円」や「ドル」といったリアル通貨が形成する経済圏とはまったく別の場所で、まるでパラレルワールドのように仮想通貨の経済圏が成立していたのだ。これは面白い！と心惹かれた。

今まで一度もビットコインを使ったことがない人は「そんなワケのわからない方法でお金のやり取りをして心配ないのか。怪しすぎる」と眉をひそめるかもしれないが、ブロックチェーンには、悪質なハッカーや詐欺師を排除する仕組みが設計されている。誰かが取引履歴を追加すると、それが不正な取引でないかどうか「マイナー」（鉱脈から金銀財宝を採掘する人）と呼ばれる人々が「よーい、ドン」でいっせいに「検証」作業をスタートするのだ。この検証に最初に成功した人には、報酬としてビットコインが与えられる。こうしてビットコインの信用が保たれ、ユーザーは安心して取引できるのだ。

習近平《しゅうきんぺい》国家主席やプーチン大統領が専制支配を強める中国やロシアの公式通貨である人民元《げん》やルーブルの信用度が低い。中国やロシアでは、国の「意識高い系」の金持ちは、ビットコインのサービスが始まった瞬間、いっせいにキャッシュ（現金）をビットコインに換金し始めたという。

危機感をもった両国政府は、あわてて国内でのビットコイン規制に乗り出した。日本人にとっても他人事ではない。なんらかの理由で円の信用度が下がり、「円の取引なんて危なっかしくてやってられないよ」と機関投資家や富裕層がビットコインに一気にスライドすれば、日本経済はたちまち危機に陥るだろう（もっともその代わりに、仮想通貨という第二のボーダーレス経済圏が活性化するだけの話ではあるが）。

「通貨には価値がある」という共同幻想

仮想通貨は、リアルな物体としてのかたちをもたない。しかも非中央集権的で無国籍（ボーダーレス）だから、世界中の誰もが使うことができる。ここが面白いところだ。人類史において、通貨発行権は国家が握る最大の権力の一つであり続けたが、この一大権力は、ビットコインの登場によって今後は必要なくなるかもしれない。

「国家が発行した通貨は信用できる」といった思い込みは、もはや共同幻想だ。みんなが信用しているうちはこれらの通貨も安全かもしれないが、民衆からそっぽを向かれた瞬間、その価値はガタ落ちする。今は安定しているように見える円やドルだって、その信用が永遠に保たれる保証なんてない。

だからこそ「1万円札は怖くないけど、ビットコインは怖い」と考える人は、あまりに短絡的だ。たとえ日本経済が破綻して円の価値が大暴落しても、ビットコインの信用度は1ミリたりとも揺らぐことはないかもしれない。

お金のかたちがどんどん進化している現実を、思考を柔軟にして受け止めるべきなのだ。

The Truth about Money

04

□ ビットコインの売り手と買い手は「ピア・トゥ・ピア」(対等な関係)でつながる

□ ビットコインの信用はテクノロジーが担保する

□ 1万円札と仮想通貨は本質的には何も変わらない

第2章

お金の「常識」は間違いだらけ

05

需要と供給

安売り競争に参入すると間違いなく貧乏クジを引く

２０００年代初めに、１杯１８０円のチェーン店「びっくりラーメン」が話題になった。デフレ経済を象徴する激安店としてニュースにも取り上げられ、一時は店の前に行列ができたりもしたが、5〜6年でたちまち経営が行き詰まって潰れた。

仮に「びっくりラーメン」の原価率を25％とすると、原価45円。原価率を20％とすると原価36円だ。カップラーメンの小売価格の約3分の1のコストで供されるラーメンにいったい何が入っているのか、想像してみてもらいたい。また、このような激安ビジネスの裏では、従業員が最底辺の時給で働かされている可能性が高い。極端に安い商品には、必ずカラクリがあるはずと疑ってみるべきだと思う。

一方で、「一風堂」や「一蘭」は戦略的に店舗数を拡大しながら、１０００円前後の価格でこだわりのラーメンを提供している。もっとも、「日高屋」に通い慣れている客にしてみれば、１杯１０００円超えのラーメンなんてありえないかもしれない。「手軽にお腹いっぱいになればいい」という客は、１杯３９０円のラーメンをかきこめばいいだけのことだ。しかし、多少高いお金を払ってでもおいしいラーメンを食べたい、というニーズは確実に存在する。日本のグルメを堪能したいインバウンド観光客なんかはその典型例だろう。

需要と供給のバランスを見極めず「安かろう悪かろう」の競争に走ると、いつか採算ラインを割りこんで自滅する。安い値段だけで勝負しようとすれば、レッドオーシャンの外食産業の世界で生き残ることは難しい。高級志向の客の需要を取りこぼしてしまうのも大きな痛手だ。

一歩突き抜けたラーメン屋はすでに、いち早く海外の大都市へ進出して日本の国内とはまったく違う価格体系で商売を始めている。マンハッタンの一風堂でラーメンを食べようとすれば、ドリンクやサイドメニュー、チップなどを合わせると、日本円にして3000円以上が軽く吹っ飛ぶ。それでもニューヨーカーはおいしい「Ramen」を求め、一風堂の前に行列をつくるのだ。

一風堂はずいぶん前から、ANAの国際線ビジネスクラスでもラーメンを提供してきた。ワンランク上のラーメンとして認知され、地上だけでなく、空の上でも固定ファンを獲得している。従業員は安すぎる給料でコキ使われることもなく、有名レストランで活躍できることに誇りをもつ。

高級サクランボ「紅秀峰」が秘める価値

山形県は、ズバ抜けてクオリティの高いシャインマスカットやサクランボ、ラ・フランス（洋ナシ）の産地として知られる。1房1万円のシャインマスカットを1粒つまめば、今までもっていた「ブドウ」のイメージがたちまちひっくり返るはずだ。サクランボのブランドといえば山形県産の「佐藤錦」が有名だが、山形県の農家がつくる「紅秀峰《べにしゅうほう》」の最上位クラスは本当においしい。

超高級路線のブランド果物には、確かな需要がある。「新宿高野」や「千疋屋《せんびきや》」のようなフルーツ店に卸せば、おいしいものを求める客がいくらでも買ってくれる。北京や上海、香港やシンガポール、さらにはドバイあたりまで販路をのばすこともできるだろう。

広大な農地があるオーストラリアは、農作物の安売り戦略を展開してきた。あまり手をかけずサクサク大量生産できる商品は付加価値が低い。だから安売りせざるをえない。当然ながら利益率は低くなる。その対極に、高級路線で売っている山形県産の果物がある。手間ひまがかかるから一度にたくさんはつくれないものの、高品質の果物を生産し、ものすごい利益を上げられる。

超高級路線で勝負している限り、グローバル市場に呑みこまれる心配もない。オンリーワンの戦略で、自らの強みを最大限に生かしているケースである。

割に合わない仕事はさっさと辞めろ

「安売り競争」に参入する者は間違いなく貧乏クジを引く。それは、労働者だって同じだ。2014年、牛丼の「すき家」が深夜バイトにワンオペ（1人で仕事）をさせていることが話題になった。たかがバイトなのに、労働組合をつくる動きまで出た。そんな仕事、嫌ならとっとと辞めればいい。

そして今、若い世代はバカバカしい安い仕事をサッサと見限るようになってきている。そのきっかけの一つとなっているのが、インスタグラムやフェイスブックなどのSNSである。表面上は「いいね！」なんてリアクションしていても、他人の「リア充」アピールを前に、心がザワつく人も少なくないようだ。ハードなのに最低時給に近いワンオペバイトなんて、リア充の真逆。インスタやフェイスブックに慣れた若者は、やりがいがなく給料も安い仕事なんて躊躇《ちゅうちょ》なく辞める。これはすごい進歩だ。

少子高齢化の影響をモロに受け、ただでさえ人手不足が叫ばれる昨今。不当な給料でコキ使われているバイトがいっせいに退職すれば、経営者はたちまちパニックに陥るだろう。労働条件と給料がまともになったところで、もしも気が向いたなら、再び働き始めればいいのである。

The Truth about Money

05

□ 激安ビジネスの裏にはたいてい
ブラックなカラクリが隠されている

□「超高級路線」を狙えば
利益率はグンと高くなる

□ 低賃金でやりがいもない仕事は
今すぐにでも辞めよう

06

貯金

貯金なんてして
お金を「遊ばせておく」
のはアホらしい

ZOZO創業者の前澤友作さんが銀行のATMに足を運び、手持ちの通帳に記帳したところ、残高が963億9000万円以上あった、というYouTube動画が話題になった。

読者のみんなにとっては信じられないことかもしれないが、僕の銀行口座にある残高はいつも数百万円程度だ。1000万円を超えることなんてまずない。理由は簡単。貯金なんてして、お金を「遊ばせておく」のはあまりにもアホらしいことだと考えるからだ。

2019年、金融庁が「老後資金は2000万円必要」という報告書を発表して大騒ぎになった。「2000万円ではとても足りない。3000万円は必要だ」、また「1000万円単位の貯金なんて、とても自分にはつくれない」と、マスコミに煽られてパニックに陥った老人は多い。キャッシュを手元に置いておかないと不安になってしまう人が多いのは、学校教育のせいだと僕は思う。

親や教師から、こんなふうに教えられてきた人は多いはずだ。「人生、何が起こるかわからない。いざというときに備えて必ず貯金はしておきなさい」と。

僕自身、両親から「お年玉を一度に使うな。何年分も大事に貯めておけば、今は買えないようないいものが買えるんだから」と言われて、貯金を強制された。

なぜ手元にあるお金を、今すぐ好きなことに使ってはいけないのだろう。まるで、貯金することが「ゴール」そのものであるかのようだ。その一方で、貯金とはインフレリスクをまるで無視した危険な行為だということについては、誰も指摘しない。

リスクヘッジしたければ「信用」を貯めろ

福岡で「MIKI・ファニット」というダンススタジオを経営する太刀山《たちやま》美樹さんという女性が、高校1年生の娘に3年分のお小遣いや交通費104万円を一括で支給したと綴《つづ》ったコラムが話題になった。月額2万9000円×36カ月分を前払いで渡し、自分で責任をもって管理しろと子どもに丸投げしたのである。

この「丸投げ」、貯金しろとまくしたてるよりも、子どものマネーリテラシー向上にはずっと役に立つ。お金を使って機材を買い集め、ユーチューバーデビューしてもいいし、バックパッカーとして放浪の旅に出るのもいいだろう。16歳にしてビットコイン取引を始めるのもアリだと思う。失敗してお小遣いを全部失ったとしても、その経験はのちのち必ず生きる。

学校ではけっして教えてもらえないことだが、本当に貯めるべきものは、(信用を紙や金属に置き換えただけの)お金ではなく、信用そのものなのだ。信用とは一種の無形固定資産。君たち自身に周りからの信用があれば、その信用はお金に換えることができる。つまり、どんなピンチに陥っても必ず誰かに助けてもらえるのだ。その反対に、1万円札をいくら積み上げたところで、信用を買うことはできない。親や教師の言う「いざというとき」に備えたいのなら、社会的信用を上げておくことこそが、最大のリスクヘッジになる。

そもそも、なぜ日本政府や銀行は、貯金を奨励しまくるのだろうか？　それはズバリ、みんなにコツコツ貯金してもらえたほうが好都合だからだ。

銀行は、僕たちが口座に預けたお金を企業や個人に貸し付けている。客のお金を又貸しし、年率何%かの利息を受け取って潤っているというわけだ。銀行口座に預金がある人は「オレたちが銀行にカネを貸してやっているおかげで経営が成り立っているんだぞ」と、もっと威張ったっていいくらいだ。

「貯金＝美徳」というプロパガンダ

日本では長らく「ゼロ金利状態」が続いている。僕らはタダに近いかたちで銀行にお金を貸してやっているのに、銀行はＡＴＭの手数料を何百円単位でボッタクる。それどころか「口座維持手数料」などと称して、年間数千円ものサービス料をとろうという動きまである。さらに言えば、銀行は少し前に政府の規制が入るまでサラ金（消費者金融）の会社にバカ高い利息で金を貸し付け、荒稼ぎしていた。「貯金は無意味ですよ」なんて口が裂けても言えないだろう。

それでは、政府はどうして貯金を奨励するのか？　実は、そのきっかけは戦争だった。戦争には莫大なコストがかかる。戦費調達のため国民の貯金に目をつけた日本政府は、大々的な貯蓄奨励キャンペーンに乗り出した。昭和10年代のことである。それから半世紀以上が経った今もなお、このプロパガンダのなごりが、日本社会にはびこっているというわけだ。

「節約＝美徳」という考え方も、戦時中のプロパガンダのなごりでしかない。「質素倹約」「欲しがりません、勝つまでは」などというキャッチフレーズのもと、大きな戦争に突っこんでいった結果、どうなったのかは読者のみんなもよくご存知だろう。

銀行の金儲けのカラクリがわかれば、一生懸命お金をＡＴＭに貯めこむことがアホらしくなる。学校教育で刷りこまれた「洗脳」を今すぐにでも解除し、本当の意味でのマネーリテラシーを身につけるべきだ。

極端なことを言えば、「あり金」なんて全部使ってしまえばいいのである。

The Truth about Money

06

□ 過度の貯金はインフレリスクを無視した危険な行為

□ いざというとき信用はお金に換えることができる

□ 「貯金＝美徳」は政府と金融機関のプロパガンダ

07

投資とレバレッジ

ゼロレバレッジで世界経済がここまで発展したわけがない

「レバレッジ」という言葉を聞いた瞬間、「投機に夢中になっている人たちやデイトレーダーがよく口にする言葉だ」と敬遠する読者も多いだろう。「自分とは縁のない世界の話だ」と嫌がらずに、まずは次のエピソードを読んでみてほしい。

大岡越前守《えちぜんのかみ》というと、引っ捕らえた「罪人」をお白州《しらす》（裁判所）に引っ張ってきて「大岡裁き」を下す時代劇で有名だ。江戸の行政・司法官として知られる彼は、実は幕府の経済顧問としても非常に先進的な手腕を振るっていた。

借金トラブル急増に焦った大岡越前守

当時の武家社会は金本位制ではなく米本位制が主流だった。公務員的な立場にあった武士の給料は、米で現物支給されていた。需要と供給のバランスのもと、自然災害で田んぼが潰されたり冷夏で不作になったりすると、その年は米の値段が上がる。反対に豊作だった年は、米の値段が下がって食うのに困る。米の価値は、年ごとに変動していたわけだ。

だから、米が豊作の年には多くの武士が生活に困窮し、金貸しのところへ出かけていってお金を借りた。しかし、金貸しが借金の取り立てに行こうと思っても、武士のなかには気が短い奴も多く、しかも腰には刀を差しているものだから怖くて仕方ない。そこで金貸しは別の武士に「お前の借金を帳消しにしてやるから、あいつの借金を取り立ててこい」と交渉して集金係を委託した。

すると、斬り合いに発展するケースなども多発。「御用」になった武士がお白州に連れてこられる。借金のトラブルをめぐる裁判が急増したことに「ヤバい」と危機感をもった大岡越前守は、米価を安定させることが急務だと考え、そのために公設の米取引相場をつくった。これが大坂の堂島につくられた、世界初の公設先物取引市場だ。

さらに驚くべきことに、大岡越前守は米相場で「日計り取引」を推奨していた。これはまさに、現代でいうところのデイトレードだ。「売り」と「買い」がその日ごとに行なわれるというのは、市場の流動性がアップするということだ。結果として経済は活性化する。その点についても、大岡越前守はよく理解していた。

当時、政治の中心は幕府の置かれた江戸にあったが、商売の中心地は大坂だった。堂島の「日計り取引」で決まった金額を誰よりも早く伝達した人間は、主要都市のマーケットを支配して大儲けできる。金儲けをしたい一心で、堂島の米相場に毎日ベッタリ張りついている商売人はウヨウヨいた。

ここからは余談だが、いち早く大坂から各地に情報を伝達するために、商売人は狼煙《のろし》や手旗信号を使った。江戸版のアナログな「光通信」だ。手旗信号を次々と順番に伝えていくスポットは、今でも全国各地に「旗振山《はたふりやま》」として残されている。

飛脚を使って陸路で情報を伝達していた幕府は、規制をかけて手旗信号を禁止する。すると商売人は伝書鳩を飛ばし始める。幕府は鷹《たか》やハヤブサを使って伝書鳩を皆殺しにする。まるで、仮想通貨をめぐって規制に乗り出そうとする国と、抜け道を模索する業者の間で繰り広げられるイタチごっこのようである。

レバレッジをきかせた先物取引は、昨日今日出てきた胡散《うさん》くさい経済ゲームではない。その淵源は、江戸の殿様の時代にはすでに存在していたのだ。

日本人は投資リテラシーが低すぎる

レバレッジ（leverage）とは「てこの原理」という意味の英語だ。自己資金だけを原資にしていては、挑戦できることに限りがある。クラファンを利用したり、友達や知人からお金を借り入れて投資に積み増せば、てこの原理を利用するかのように、自分のもっている力の数倍以上のパワーを発揮して勝負に打って出ることもできる。

先物取引やＦＸ（外国為替証拠金取引）、仮想通貨の取引では、レバレッジをきかせることによって利益の幅を大きく増す。その代わり、ハイリスク・ハイリターンだから大損することもある。

高齢者を中心に、日本では投資リテラシーのない人が多すぎる。「投資はギャンブル性が高すぎる。老後のためにコツコツ貯金するのが一番だ」と言って、ゼロレバレッジのつまらない生き方を強いるのだ。こういう人に限って自分の主張を道徳的だと思っているのだが、経済の発展を妨げる害悪でしかない。そもそも、ゼロレバレッジだったら世界経済はここまで発展しえなかった。

100万〜500万円のお金が手元にあるのなら、誰かに投資するのではなく自分に投資し、起業してみるのもいい。僕は面白いビジネスを妄想している、がっついた若手起業家に自己資金をぶっこむ。有能そうな子に「張る」のである。ベンチャー企業への投資がもっと活性化すれば、若い世代が起業する機会は飛躍的に増えるだろう。そこにはイノベーションと雇用が生まれ、若者が夢を抱ける社会に変わる。若者が元気な社会には、決まって未来がある。

「レバレッジ」と聞いた瞬間、「リスクが怖い！」とアレルギー反応を起こすのではなく、江戸時代の先人の知恵に学び、新たな一歩を踏み出してみたらいい。

The Truth about Money

07

□ 江戸時代、すでに先物取引やデイトレードの仕組みがあった

□ レバレッジをきかせることによって利益の幅を大きく増やせる

□ ベンチャー企業への投資がもっと活性化すればイノベーションと雇用が生まれる

08

保険

保険料を支払う君たちは思いっきりボッタクられている

マルチ商法や情報商材にポジティブなイメージをもつ人は非常に少ない。今時ネズミ講にハマっていたり、勧誘系ビジネスに夢中になって知り合いに電話をかけまくっている人がいようものなら、「あーあ、騙されちゃった残念な人だ」と誰しも心の中で思うだろう。それなのにどういうわけか、生命保険に加入したり何十年もの住宅ローンを組んだりすることについては、誰も気に留めない。

保険はギャンブル以外の何ものでもない

僕に言わせてみれば、生命保険も住宅ローンも「情弱（情報弱者）向けビジネス」以外の何ものでもない。数カ月後に確実に死ぬというのなら、高額の保険料を毎月支払って生命保険に入る意味はあるだろう。ハンドル操作を誤ったフリをして、ガードレールを突き抜けて崖下に車ごと落っこちる。これだけのことで数千万円ものお金が手に入るのならば、リターンはムチャクチャ大きい、と考える人もいるかもしれない（ただしそのお金を受け取るのは君自身ではないが）。

人生の幸不幸なんて誰にも予測できない。大きな病気や事故はいっさい経験せず、「ピンピンコロリ」で誰にも迷惑をかけず死んでいく老人もいる。かたや何一つ悪いことはしていないのに、凶悪犯罪に巻きこまれることだってある。予想もつかない未来にお金を投じるという意味で、生命保険とギャンブルはよく似ている。

保険のルーツは、17世紀終わりのロンドンにさかのぼる。エドワード・ロイドという男が経営するカフェに、船乗りや荷主が出入りしていた。当時イギリスは、遠いアジアへ向けて香辛料貿易を手がけていた。途中で嵐に巻きこまれて沈没すれば、船に積みこんだ荷物は水の泡となる。はたして船が無事に帰ってくるかどうか、カフェの客たちが賭け事を始めた。こうして世界最大の保険業者ロイズ（Lloyd's）は、300年以上にわたって発展してきた。

つまり、生命保険の本質とは他人の不幸に賭けるギャンブルなのだ。当たるか当たらないか予測がつかないものに、毎月お金（保険料）を支払うのはバカバカしい。

2018年9月の台風21号は、関西国際空港が水没して使用不能になるなど、甚大な被害をもたらした。この台風により、損害保険会社からは史上最大の1兆678億円の保険料が支払われている。19年10月の台風19号は被害が広範囲に及び、損害保険会社が支払う保険料は4000億円を超えた。

これだけの金額を契約者にリターンしても、保険会社が潰れることなどなく、経営難に陥ったというニュースさえ出てこない。損害保険にしても生命保険にしても、地殻変動が起きて日本が沈没でもしない限り、経営破綻することなどない「超」手堅い商売なのだ。保険料を支払っている君たちは、実は思いきりボッタクられているのである。

「宝くじは愚者の税金」

保険会社がこの「不都合な真実」をひた隠しにしているように、日本にはほかにも巧妙に設計された情報弱者向けビジネスがある。宝くじなどのギャンブルだ。

日本の刑法では賭博行為が禁じられているものの、競馬は「競馬法」、ボートレースは「モーターボート競走法」、宝くじについては「当せん金付証票法」という特別立法によって例外的に認められている。これらはどう見てもギャンブルだし、ボートレース場や競馬場に来ている客は完全に鉄火場《てっかば》（賭場）に来ている感覚なのに、お目こぼしにあずかっているのだ。

パチンコ・パチスロの控除率（寺銭《てらせん》。胴元の取り分のこと）は15〜20%といわれている。公営ギャンブルの控除率は半端ではなく、競輪・競艇は25%、競馬は20〜30%、toto（サッカーくじ）は50%、宝くじに至っては控除率が50%以上だという。

もちろん、純粋な「遊び」としてギャンブルを楽しんでいる人たちのことを悪く言うつもりはまったくない。が、アメリカのカジノは控除率5%ほどである。国際社会の基準から見て、日本の公営ギャンブルは異常なまでに歩留まりが悪い。なにしろ300円の宝くじのうち、胴元が150円以上を手数料としてボッタクったうえで、残りのお金を当選金として客に分配しているのだ。こんなボロいビジネスが失敗するはずはない。「宝くじは愚者の税金」なんていう言葉まであるくらいだ。

生命保険や宝くじにお金を払っている人は、算数の基本に立ち返ってビジネスのカラクリを冷静に読み解いたほうがいい。

住宅ローンにしても同様だ。「借家に住んで月々家賃を支払うよりも、持ち家を買ったほうが得だ」という不動産屋やら分譲会社やらの触れ込みを真に受けて、数十年ものローンを組んだりすることも恐ろしい。そもそも日本は地震大国だし、ご近所トラブルや転職で別の土地に引っ越す必要だって出てくるかもしれない。

生命保険や住宅ローン、宝くじといった歩留まりが悪い金融商品に手を出す。これではいつまで経ってもお金を稼ぐことなんてできやしない。いわゆる「情弱」はあとからいくらでも挽回することができる。

重要なのは世間的な「常識」に振り回されないこと、自分でいちいち事実について調べる癖をつけることである。

The Truth about Money

08

□ 保険の起源はギャンブルにある

□ 保険もギャンブルも「情弱」対象のボロいビジネス

□ いわゆる「常識」を疑い自力で情報収集する癖をつけよう

09

バブルと格差

格差は「絶対悪」じゃない

1950年代から70年代初めにかけて、日本は空前の高度経済成長を経験した。池田勇《はや》人《と》首相が「所得倍増計画」をブチ上げたのは60年のことだ。64年の東京オリンピックに合わせて東海道新幹線が開通し、京浜・中京・阪神・北九州の四大工業地帯を中心とする「太平洋ベルト地帯」が形成された。

60年代後半の経済成長率はなんと10%を超え、GNP（国民総生産）は16・6兆円（60年）から138・1兆円（74年）と、14年の間に8・3倍も伸びている。「所得倍増」どころか、8倍増以上のすさまじい経済成長を達成したのだ。

この経済成長期の幻想をいまだに引きずっている日本人は多く、映画『ALWAYS三丁目の夕日』で〝ド貧乏でもでっかい夢を抱けた時代〟をプレイバックして涙ぐんでいたりする。だがあの好景気は、思いつきで買った宝くじがまぐれで当たったようなものなのだ。

もちろん、東海道新幹線や首都高速道路といったインフラの整備は、日本政府が経済「爆上げ」のために仕掛けた一大事業ではあった。64年の東京オリンピックが国民に「オレたちはもう一度立ち上がるぜ！」と上げ潮の気運をもたらしたことは間違いない。

輸出産業で儲かりまくった日本

当時1ドル360円の固定相場制だったことは、日本の輸出産業にとって超有利な条件となった。これが変動相場制だったら、高度成長期の輸出産業はあれほどガバガバ儲からなかったはずだ。

中学校卒業と同時に、地方の若者たちが大挙して東京へ働きに出たことも大きかった。若者が地方に分散したまま都市部の労働力が不足していれば、あれほど爆発的に産業が発展することはなかったはずだ。

1971年のニクソン・ショックをきっかけに、アメリカは第二次大戦後も続いてきた金《きん》とドルとの交換を停止する。さらに73年には、市場は固定相場制から変動相場制へと移行した。その結果、日本では80年代終わりに不動産バブルが起きて、日経平均株価は史上最高値の4万円手前まで「爆上がり」している。

こうした変化により、お金は完全にバーチャルな存在になった。事実上レバレッジを無限にかけられるようになり、レバレッジが極まってきたときバブルと呼ばれる異常な好景気が発生するようになったのだ。

バブルというネーミングのとおり、レバレッジが異常にききまくった好況は、見た目上は膨らんで見えても、実体のない「泡」に等しい。エンドレスで株価が上がり、好況が続くなんてことはあるわけがなく、バブルはある日、パチン！　とはじけて、みるみるうちにしぼんでしまう。

さらに言えば、バブルの発生と崩壊の間隔は、以前に比べて短くなってきた。世界大恐慌が起きたのは1929年、ここから完全に回復したのは第二次世界大戦後のことだ。日本でバブルが崩壊してから約10年後の98～00年にはITバブルが起きたものの、2001年にははじけている。それから5～6年後にはサブプライムローン・バブルがアメリカで発生し、08年9月にリーマン・ショックが起きて好況にはピリオドが打たれた。

バブルはもはや、とめどない経済の流れの中で定期的に生まれる現象だ。いちいち一喜一憂する必要はない。

「一億総中流」が当たり前、というプレッシャー

若い読者はいまいち実感がもてないかもしれないが、1980年代の不動産バブルが起きた当時は、「1万円札をヒラヒラさせてアピールしても、タクシーをつかまえられない」ほどの異様な事態に見舞われていた。社会全体が好景気に沸いていた。このバブルのせい

で、日本人の多くが「みんなで一緒に豊かになれる」という幻想をもってしまったのではないだろうか。

「一億総中流」が当たり前だという価値観が広がったために、少しでもそこから外れた人は周囲との格差を強く意識するようになった。所得格差へのルサンチマン（恨みやねたみ）が募り始めたきっかけはここにあると思う。

ＩＴバブルの波に乗ってライブドアが台頭した当時、僕はずいぶんと「成金」「拝金主義者」と石つぶてを投げつけられた。しかしバブルが発生すれば大きく儲かる億万長者が出てくるのはごく当たり前のこと。成功した人たちの足を引っ張っていては、働けど働けど給料が変わらない共産主義国家のような暗黒社会に行き着いてしまう。

バブルが一種の幻想だとすれば、そのバブルによって生まれた「みんなで一緒に豊かになれる」というイメージも幻想の産物にすぎない。

そもそも格差というと、是正しなければいけない悪いもののように聞こえるが、はたして本当にそうだろうか。自分と他人を比べてみること、そこに差異があると認識すること自体はけっして悪いことではない。他人との比較は自分が変わるきっかけになる。一歩前へ足を踏み出すためのモチベーションではないかと、僕は思うのだ。

The Truth about Money

09

□ 戦後の高度経済成長はまぐれによる大フィーバーだった

□ 「みんなで一緒に豊かになれる」というのは幻想

□ 自分と他人を比べて差異を知ることは自分が変わるきっかけになる

10

終身雇用制度

会社に「飼いならされた」サラリーマンなんてもういらない

正社員の年功序列・終身雇用は大前提だと訴え、「小泉純一郎と竹中平蔵が非正規労働者を増やして労働市場をメチャクチャにした！」と文句を言う人がいる。だが正社員の終身雇用制度は、戦後の高度成長期に突発的に発生したレアシステムだ。歴史的に見ても、こうした雇用制度が半世紀も続いたのは偶然としか言いようがない。

戦前の日本では、腕のいい職人が高待遇でヘッドハンティングされ、ヒョコヒョコ職場を変えることも日常茶飯事だった。1931年の満州事変を皮切りに、「十五年戦争」へと突入する。すると鉄鋼・兵器製造・炭鉱・造船といった軍需産業が活性化し、労働者の引き抜き合戦は激化した。

「国家総動員法」で雇用の流動化をストップ

ところが1938年になると、日本政府は「国家総動員法」というものすごい法律をつくったあと、雇用の流動化にストップをかける。軍需産業を停滞させることなく、安定的に労働力を確保しようとしたのだ。

その後、戦争に負けた日本は復興の歩みを始める。40年代後半には日本全国で労働組合が戦闘的な労働争議を戦い、のちに簡単には人をクビにできない正社員の終身雇用を会社に約束させた。年功序列にともなう定期的な昇給や退職金支払いも保証され、「一度入った会社は定年まで辞めない」というスタイルがさも当たり前であるかのように定着したのだ。

70年代半ばに高度成長は一段落したものの、90年前後に日本はバブル経済の熱狂を経験した。だがバブル崩壊を最後に、日本は「失われた10年」と呼ばれる長期停滞の時代へと突入し、さらに「失われた20年」へとこの停滞は間延びする。

実際、バブル崩壊後には多くのサラリーマンがリストラされている。終身雇用は数十年も前に「崩壊」しているのだ。

21世紀初頭に小泉首相と竹中氏が大なたを振るい、正社員の終身雇用制度にメスを入れたのは時代の必然だった。バブルの狂騒は過ぎ去ったのだから、期間限定的に発生したシステムを部分的に解体することは悪いことでもなんでもない。

「世界で最も成功した社会主義国」

半世紀にわたって終身雇用制度を維持してきたせいで、日本のサラリーマンがまるでおとなしい犬のように組織に「飼いならされてきた」ことも事実だ。給料や手当が成果に見合わなくても、文句一つ言えない。「サービス残業」という名のタダ働きを黙って何十時間もやり続ける。内心は不満でいっぱいなのに、より働きやすい職場へ移ろうともしない。

実のところ、日本は諸外国から「世界で最も成功した社会主義国」と陰口を叩かれている。ソ連が崩壊してから30年近くが経つというのに、まだ目を覚まさない人が多いことに驚かされる。

東大生時代、僕は学校にはろくに通わずアルバイト三昧の生活をしていた。月額30万～40万円の収入を得ながら「会社は1日2000円くらいはピンハネしているのだろうな」なんてボンヤリ考えていた。が、現実はさらにひどく、なんと会社は1日1万～2万円もピンハネしていたのだった。給料が高いと喜んでいたら、会社はもっと大儲けしていたのである。

僕の学生時代、ライブドア時代から数十年経った今、日本の労働市場は柔軟に変化しつつある。もはや、会社に居座っていれば確実に給料が上がるなんていう時代ではない。正規・非正規の賃金格差はどんどん縮小する。正規であろうが非正規であろうが、利益を生み出す能力をもつ者が相応の賃金を得る社会へと変わっていく。

そもそも、今は「終身雇用を守るのは難しい」などという生ぬるい議論をしている場合ではない、と僕は思う。時代の変化によって押し寄せる波は想像以上にシビアなものだ。

「トヨタ自動車は絶対に潰れない」と信じている人は多いだろうが、自動運転技術の実用化が進むなか、従来の自動車メーカーは重大な岐路に立たされている。たとえば1台の自動車には約3万点の部品が使われているのだが、次世代型の電気自動車は部品の数が非常に少ない。極論を言うと、バッテリーとスマートフォンサイズのコンピュータ、それに車体があれば走ってしまう。

つまり、いま道路を走っている車に使われているほとんどの部品や装置は不要になるのだ。ひょっとすると、今トヨタで働いている従業員を10分の1まで減らしても会社を回せるようになるかもしれない。

この先、企業は人を雇わなくなる。オートメーション化やＡＩ（人工知能）、ロボットの技術がますます進化し、指示されたとおりに動くだけの人手は必要なくなるのだ。

もちろん悲観する必要などまったくない。すでに説明したとおり、本質的には、会社に雇われるのは不利なことだからだ。これからは自分の手足を動かし、仕事をつくりだすことのできる人がますます活躍できる世の中になるというのに、終身雇用「信仰」に惑わされているようでは、自分がやるべき仕事を見誤ってしまうだろう。

The Truth about Money

10

□ 正社員の終身雇用制度は高度経済成長期に発生したレアシステム

□ 会社に雇われている君はかなりの額をピンハネされている

□ この先、生き残るのは「仕事を生み出すこと」ができる人

11

起業

引きこもりやニートにこそ起業が向いているワケ

本書をここまで読んだ諸君は、必死こいて貯金することのアホらしさについて、よく理解してくれたのではないかと思う。ゼロ金利時代の今日、銀行にお金を預けておいたところで利子なんてほとんどつかないのだから、個人資産は増えない。誰もが保守的になって財布のヒモを締めたら、世の中にお金が回らなくなり、経済が停滞してしまう。

第一に、貯金というかたちでお金を「遊ばせて」おいては、レバレッジがまったくかからず自分自身が飛躍できやしない。

ネットのおかげで起業のハードルは低くなった

100万〜500万円のお金をあくせく貯金するくらいなら、投資してしまったほうがよほどマシだ。さらに言うならば、塩漬けにしてあるお金があるのならば、思いきって起業したほうがいい。自分の意志でリスクをとって行動し、ビジネスにチャレンジした経験は、何ものにも代えがたい財産になるからだ。

ネット社会の今日、起業のハードルはメチャクチャ低くなった。一昔前に起業しようとすれば、とりあえず大きな都市でオフィスを借りて固定電話を引くこと、名刺を印刷してスーツに身を固め、営業に出かけることから始めなければならなかった。いまや、そんなものはいっさい必要ない。起業はいつでもどこでも、なんなら今この瞬間にだってできる。

ＬＡ郊外の田舎町に出かけ、古着屋の片隅に積まれているボロボロのジーンズの山の中からお宝のヴィンテージ・リーバイスを探し出し、日本で転売して儲けているバイヤーがいる。ブックオフの１００円本コーナーに埋もれている稀覯本《きこうぼん》（オタクやツウ好みの超レア本）を買いこみ、価値に見合った値段で転売する「背取り《せど》」も目利きの賜物《たまもの》だ。仕入れに手間と費用がかかりはするが、こういう商売は十分ペイする。ガジェットや家電、ゲームのオタクだったら、新製品の最速レビューやガイドをガンガンアップして、ブログのアフィリエイト収入を副業にするのもいい。

詩歩さんという旅行好きの女性は、会社員時代、フェイスブックに「死ぬまでに行きたい！　世界の絶景」というページを立ち上げてブレイクした。アップされた写真はどれもプロ顔負けの美しさで、出版社からはたちまち書籍化のオファーが来た。そこで彼女はサッサと会社を辞めて独立。世界中を自由に旅しながら写真を撮りまくり、絶景プロデューサーとしてバリバリ仕事をこなしている。これもまたオンリーワンの起業だ。

テレワークでニートや引きこもりが活躍

アルバイトに明け暮れていた東大時代の僕が、最初から今のような考え方をもっていたわけではない。コンビニに出荷するパンを倉庫で一晩中荷積みしたこともあるし、サンドイッチマンとして広告に挟まれ、ボーッと道端に立ちつくすという不毛な仕事をしたこともある。

ITの知識を活かしてホームページ制作のアルバイトを引き受け、月30万〜40万円稼いだこともあった。色々なアルバイトを一通りやった結果、「資本家（会社）は労働者からピンハネすることで成り立っている」というマルクス『資本論』の方程式に気がついた。雇われのアルバイトや会社員の立場でいる限り、経営者よりも儲けることはまず不可能であると言っていい。

僕は「有限会社のつくり方」というような本を買ってきて、自分で会社を立ち上げることを決意した。キツい仕事なのに日当1万円程度しかもらえない生活なんてゴメンだ。それから今日に至るまで、数え切れないほどのビジネスを立ち上げてきた。

有名大学を卒業し、新卒採用で大企業に就職する若者たちは、優秀に違いない。が、僕に言わせてみれば、そんな真面目クンたちは「小利口」なだけだ。要領はいいが、全然イノベーティブではなく、面白みがない子がとても多い。世の中のレールに乗って生きてきた「常識人」ほど、リスクを恐れて保守思考に走りやすい。

その点、学校教育からドロップアウトしたニートや引きこもりには無限の可能性がある。社会常識に欠けているかもしれないが、それが逆に強みになる。たとえば、常識人にはとても思いつかないような、突拍子もないアイデアを妄想、空想できるのだ。そのアイデアを仕事につなげればいい。

対人恐怖症やコミュ障、また「早起きが苦手で朝、起きられない」などという些末《さまつ》な理由で社会復帰できない人もいる。ヴィンテージ古着やレア本の通販だったら、他人と顔を合わせず、自分のペースで仕事ができる。今時テレワーク（在宅勤務など）は一般企業でもごく自然に導入されつつある。事務所なんて借りなくても、ＬＩＮＥのやり取り（ごくたまに通話）でガンガン仕事が回る時代だ。

自宅に引きこもったまま仕事ができるなんて、ついこの間までは考えられないことだった。株式市場で勝負するディーラーのなかには、半ばゲーム感覚で仕事を楽しんでいる人もいる。引きこもりやニートもゲームのノリで起業し、どんどん社会参画して世の中を元気にしてほしい。

The Truth about Money

11

□ 貯金より投資、投資より起業がおすすめ

□ 「常識人」ほど、リスクを恐れて保守思考に走りやすい

□ 「社会のレール」からドロップアウトした人には無限の可能性がある

12

株式会社

僕は二度と社長にならないし、会社を上場させようなどとも思わない

株式会社のルーツは、1602年にオランダが設立した東インド会社だ。政府主導のもと、ジャワ島を中心にインドや東南アジアで香辛料の貿易を営んだ。船が嵐や時化《しけ》で沈めば、積み荷はオジャンになって甚大な損害が出る。どうあがいても難破船は一定の確率で必ず出てしまうので、そのリスクヘッジをするために船主たちはめいめい資金を出し合ってそのお金を「ストック（stock）」した。

お金を集め、ビジネスにレバレッジをきかせる

船が無事積み荷を届けて本国に帰ってくれれば、大きな利益が出る。お金が儲かったときは、手持ち金を出してくれたみんなに配当金を支払う。これが株主配当のルーツだ。

実はこれまでにも株式会社はあったのだが、「無限責任」が当たり前だった。つまり、事業がコケたときに負債が残れば、経営者だけでなく株主たちも借金を背負わされたのだ。東インド会社がイノベーティブだったのは、これを「有限責任」とした点にある。どんな損害が出たとしても、株主は出資した金額をまるまる失うだけ。それ以上のリスクはなかった。

無限責任の株式では、誰もが簡単に株を売ったり買ったりすることはできなかった。

「コイツは借金を踏み倒さないだろうか?」と支払い能力についてじっくり審査されたらしい。

しかし、有限責任になったことで、庶民も気軽に株を買えるようになりオープンな市場が生まれた。一人ひとりが出す金額は小さくても、たくさんの人が参加してくれれば大金が集まり、大きなビジネスにもチャレンジできる。株式会社というシステムを使って、ビジネスにレバレッジ(てこの原理)をきかせるのだ。

株でゲットできる利益には2種類ある。

一つめは先ほど説明したばかりの、株主配当による利益だ。1000万円投資した会社が10年連続で黒字経営になり、毎年100万円の株主配当があったとしよう。そうすれば10年で元金を回収でき、以後の配当は純益として懐《ふところ》に入る。

二つめはキャピタル・ゲインだ。1000万円で買った株を、2000万円まで値が上がったところで売却すれば、差額の1000万円はまるまる利益になる。

1人でも多くの投資家から資金を集めるため、証券取引所へ株式を上場することもできる。上場とは何かというと、アメリカでいえばニューヨーク証券取引所やNASDAQ、日本でいえば東京証券取引所(東証)で投資家が株を買えるようにするのだ。東証の中には、ベンチャー企業向けのマザーズやJASDAQといった市場もある。

「東証一部上場＝日本経済をリードする一流企業への仲間入り」と思うかもしれないが、上場そのものはゴールではない。あくまでも企業が成長するための手段（道具）だ。上場によって会社の知名度が上がれば、取引先や金融機関からの信用度もアップする。これを足がかりにして、証券取引所からさらにたくさんの資金を集めることも可能だろう。

株式上場によって資金調達のレバレッジをきかせることができるのだ。

東証マザーズ上場で味わった「上場のデメリット」

ここまでレバレッジというキーワードを使って株式上場のメリットを説明してきたが、上場にはデメリットもある。僕は2000年、オン・ザ・エッヂ（のちのライブドア）という会社を東証マザーズに上場した。東京地検特捜部の事件が勃発するまで、それから6年間にわたって上場企業の社長を務めた。

会社を上場するためには、東証に膨大な財務資料を提出して審査を通過しなければならず、莫大な費用と時間がかかる。上場を維持するためのコストもバカにならない。

株主総会の場で、何時間にもわたって株主から厳しい質問攻めを受けるのもつらい。ライブドアの株主総会では社長の僕が自ら、株主一人ひとりの質問に答えるようにしていたのだが、あるとき「配当をしない堀江は経営者失格だ」と激しくなじられたことがある。会社が成長していく段階では利益を事業に使ったほうがずっと有利なのだ、と僕の考えをいくら説明しても理解してもらえず、銭ゲバ扱いされた。このときは、やるせなさで思わず涙がこぼれた。株式上場には、ＴＯＢ（株式公開買付け）による敵対的買収を仕掛けられるリスクもある。

数々のビジネスを手がけ、若手ベンチャーに投資しまくっている僕自身、これからもう一度社長になろうという気持ちは１ミリもない。上場の魅力もはっきり言ってゼロだ。イケイケのベンチャーが「何がなんでも上場したい」と躍起になるのは完全に時代錯誤。僕たちは今、上場なんてしなくてもさまざまな方法でいくらでも資金調達ができる時代を生きているからである。たとえば、クラウドファンディングという手法を使えば、消費者や投資家から直接お金を集めることもできる。

重要なことなので繰り返しておこう。株式上場は経営者にとってのゴールでもなんでもない。ただの手段だ。そのほかに資金調達の手段があるのなら、君にとってベストな方法を選びとればいいだけのことである。

The Truth about Money

12

□ 株を買うメリットには「株主配当」と「キャピタル・ゲイン」がある

□ 上場は企業が成長するための手段（＝道具）にすぎない

□ 資金調達の手段が豊富にある今わざわざ上場するメリットは少ない

第3章

国がやることは信じるな

13

国債

少子高齢化する日本で国債が「破綻しない」保証なんてどこにもない

日本の国債（国の借金）は909兆円、地方債（地方自治体の借金）は196兆円、合計で1105兆円に及び、対GDP（国内総生産）比は200％。つまり国民1人当たり1000万円もの借金を抱えている恐るべき計算になる（2018年度末）。

日本政府の「借金」は900兆円を超えている

今でこそ当たり前のようにバンバン出されている国債だが、実は戦後20年間は発行されていなかった。1964年の東京オリンピック直後、株価が低迷して日本は五輪不況に突入する。焦った田中角栄大蔵大臣（当時）は、目減りした税収を赤字国債という「禁断の果実」でまかなうことを65年に決めた。以降、バブル期を除いて国債は毎年のように発行され続け、国の借金はついに900兆円超え、という天文学的数字になってしまったのだ。

日本政府の予算編成はいびつな構図になっている。総額105兆円ある2020年度予算（概算要求）のうち、年金・医療は30兆5000億円、国債費（借金の返済）が25兆円。つまりこれだけで予算総額の50％に及ぶ。税収が60兆円以上あるものの、予算の帳尻を合わせるために新たに10兆円超えの国債を発行する必要がある。

借金を返すために別の借金をつくり、利子がどんどんかさんでいく。これではタコが自分の足を食って生きながらえているようなものだし、自転車操業の多重債務者と変わりない。「とりあえずどんどん国債を刷っておけば今すぐ死ぬことはない」という赤字国債の本質を、昔の大蔵官僚は「麻薬」と揶揄《やゆ》したそうだ。

国債の正式名称は国庫債券という。その名のとおり、国が発行する債券のことで、誰もが気軽に買うことができる。

証券会社を通じて100万円（5年満期）の国債を買うとしよう。預かった100万円を使って、日本政府は当座の政策経費に流用する。年2％の利率だと、国債を買った君には毎年2万円がキャッシュバックされる。5年で10万円のキャッシュバックを受けたあと、満期となった100万円は全額手元に戻る。「2万円×5年分」、つまり合計10万円のキャッシュバック分は、国庫から補填《ほてん》されるわけだ。

不況下では、個人だけでなく銀行もこぞって国債を買いたがる。景気が悪いと、労働者は「給料やボーナスが減るかもしれない」「リストラに遭ったり会社が潰れたりしたらどうしよう」という不安を抱き、ビビってお金をあまり使わなくなる。その分せっせと貯金したり保険に加入したりする。

しかし、第二次安倍政権が発足してから、日本銀行の黒田東彦《はるひこ》総裁は「黒田バズーカ」と呼ばれる「異次元の金融緩和」を打ち出した。このゼロ金利政策によって、いくら銀行に貯蓄してもカスみたいな金利しかつかなくなってしまった。

銀行にとっては願ってもないシチュエーションだ。みんなセコセコ貯めこむばかりで消費しないのだから、銀行口座にはお金がたんまりある。この預金を流用して、銀行は国債を買う。預金者に払わなければならない利子はゼロに等しいから、国債からキャッシュバックされる予算だけで年率2％の利ざやを稼げる。

銀行にとってこんなチョロい商売はない。麻薬のような国債を政府が発行し続けてくれれば、濡れ手で粟《あわ》のボロ儲けができるのだ。そして借金の返済に追われ、政府の首はじわじわと絞まっていく。

1945年の敗戦で、日本の国債は紙切れに

不況下では、みんな貯金するばかりで買い物をしなくなるので、企業の業績は悪くなる。銀行はリスクをとって企業にお金を貸すようなことをしなくなり、その代わりに国債を買い入れる。こうして、ますます景気が悪くなるという負のスパイラルに陥る。

僕にしてみれば、「国債は一番安全な投資だ」と信じている個人投資家や銀行の存在は異様だ。なぜ「国債は絶対破綻しない」と信じられるのだろう。そもそも、年間500兆

円あるＧＤＰが、これからも順調に右肩上がりで伸び続けることなんてありえない。少子高齢化が進んで生産年齢人口（働ける人の数）は減る一方だし、同時に年金・医療・社会保障への支出はどんどん増える。

みんなコロッと忘れているようだが、太平洋戦争中に戦費が足りなくなった日本政府は焦って国債を発行しまくった。ほとんどの国民は大本営発表を鵜呑《うの》みにし、「日本が戦争に負けるはずない。新聞には連戦連勝を続けている、と書いてあるんだから」と信じこんだ。

ところが日本は戦争に負け、戦後の焼け野原でハイパーインフレが発生する。なんと１９４５年からの４年間で、日本の物価は約70倍まで跳ね上がり紙幣は価値を失った。当然ながら、戦時中に発行された国債はデフォルトでチャラにされたのだ。

当たり前だが、今後の日本で似たようなことが１００パーセント起こらない保証なんてない。日本はすでに債務超過状態にある。日本人の個人資産は１８００兆円だといわれているが、国債・地方債がこの金額を上回るところまで乱発されれば、必ずクラッシュする。この事実を認識していたら、「自分も国債を買っておこう」などという判断は、危なっかしくてとてもできないはずだ。

The Truth about Money

13

☐ 国債とは政府がつくった借金のこと

☐ 今の日本は
借金を返すために別の借金をつくり
利子がどんどんかさんでいる状態

☐ 日本人の個人資産を上回るほど
国債が乱発されれば
必ずクラッシュする

14

年金制度

「年金払え！」デモに参加しているヒマがあったら「生き方改革」しろ

2019年6月、「年金以外に老後資金が2000万円必要」という金融庁の報告書が発表され、世間が騒然となったことは記憶に新しいと思う。都心では「年金払え！」「年金返せ！」などと書かれたプラカードを掲げた人々が2000人も集結してデモ行進が行なわれた。

日本の年金制度の歴史は意外に浅く、導入が始まってからまだ100年も経っていない。それもそのはず。戦前の医療レベルは低かったし、栄養状態も衛生状態も悪かった。さらに太平洋戦争中には、兵隊にとられてたくさんの健康な男性が死んだのだから、国民みんなが現役世代として必死に働かなければとてもやっていけなかった。

現在に続く厚生年金制度が創設されたのは、戦争真っただ中の1942年のことだ。だが年金受給者はごくわずかに限られていて、54年の全面改正の段階でも厚生年金の受給者はほとんどいなかった。受給額は1カ月の生活費にはほど遠く、お小遣いに毛の生えた程度の金額だった。

50年代終わりごろから高度経済成長がスタートすると、日本人の平均寿命は急速にのび始める。年金制度が普及する以前、そもそも政府には高齢者にお金を支給する必要なんてなかった。平均寿命を突破して60歳、70歳と長生きする人の面倒を誰が見ていたかというと、子どもや孫、親族が扶養するのが常識だったのだ。

73年、田中角栄首相が大胆な年金改革を実行する。74年度の厚生年金受給額を、それまでの倍以上まで一気に引き上げたのだ。これにより、子や孫が自己負担で高齢の身内の世話を引き受けなければならないプレッシャーは大幅に軽減され、田中角栄はポピュリスト政治家として絶大な人気を集めた。

会社勤めをしていない農家の人や漁師、自営業者は、厚生年金ではなく国民年金に加入する。国民年金の制度も戦前からあったわけではなく、戦後の61年に創設された。この制度が、試行錯誤を重ねながら50年がかりで今あるかたちに行き着いたのだ。

少子高齢化で「賦課方式」はもう限界

もともと日本の年金制度は、自分が納めた年金保険料を貯金のようにプールしておき、あとで利子をつけて分割支給する「積立方式」を採用していた。

高度経済成長期に突入するとインフレが起こり、子どもがたくさん生まれて人口もグンと増える。インフレが起こると積立金の価値は目減りするが、「賦課《ふか》方式」は違う。現役世代が支払った年金保険料が、同時期に年金を受給している人に支払われるからだ。現役世代が高齢者に仕送りするシステムだとイメージしてもらいたい。

好景気と人口増で賦課方式（厳密にいうと積立金と併用した修正賦課方式）にスライドしたものの、少子高齢化が進む今、この年金制度がうまくいかなくなるのは当然だ。これまでは2人の現役世代が1人の老人へ仕送りしていればよかったのに、人口構成が変わり、現役1人で老人1人へ仕送りしなければならない。そうなれば年金の受給額を減らすか、現役世代が支払う年金保険料を引き上げるかしなければ立ち行かなくなる。

「年金デモ」に参加していた人たちの多くは、その辺の若者なんかよりもよっぽど元気そうだった。個人的には「この労力をもっと生産的なことに使えばいいのに」と、もったいなく感じてしまう。全共闘世代に特有の「プロレス」的なノリで年金問題を炎上させても、得られるものはあまりに少ないと思うのだ。

老後資金について本当に心配なのだったら、年金の支給額や受給条件なんか気にするのはやめて、面白いビジネスでも始めたほうがよっぽど有意義だ。それでも不満なら自ら政治家に会いに行き、直談判したらいい。

生涯現役で死ぬまで働ければハッピーだ

そもそも10年後、20年後に、今と同じだけの年金（厚生年金だと夫婦合わせて月額平均27万円）

が必要なのだろうか。

そのころまでには、生身の人間が嫌々やっている単純労働はＡＩ（人工知能）とロボットが代行してくれるようになるだろう。生活の質はそのままに、現代よりお金をかけずに暮らすことのできる未来が訪れるのだ。

今時、65歳、70歳、などという定年制度できっちり人生を区切るなんて、愚の骨頂だ。今までバリバリ仕事をしてきた人が、なぜ65歳を境にいっせいにリタイアしなければならないのか。図書館や喫茶店の片隅で、つまらなそうに新聞を広げているリタイア世代を見かけることがあるが、なんだかとても寂しい気持ちになる。

僕は、誰もが「一生涯、働き続ける」世の中になるべきだと考えている。これに対して反射的に「嫌だなぁ」と感じた人がいたら、今日から生き方を変えたほうがいい。君は今、1ミリも面白いと思えないような仕事を嫌々続けているに違いないからだ。

政治家や実業家なんて、70歳だろうが80歳だろうが第一線で働きまくっている。いや、生涯現役だからこそ、いつまでもピンピンしているのである。

The Truth about Money

14

□ 少子高齢化の日本で今の年金制度が破綻するのは当然だ

□ 定年制度で人生を区切るなんてあまりにもバカらしい

□ 「生涯現役」で働くのが憂鬱な人は今すぐ生き方改革しよう

15

税金

高齢者に「忖度」するのはやめて消費税は20%まで上げていい

2019年10月、お笑い芸人のチュートリアル・徳井義実《よしみ》氏による脱税事件が大ニュースになった。個人会社の税務申告を16～18年に3年連続でサボり、東京国税局から1億1800万円の申告漏れを指摘されたのだ。フタを開けてみると、彼の会社は過去にも無申告を繰り返す「常習犯」だったことが発覚した。

徳井氏とは番組の収録などで顔を合わせることもあったが、喋っていても感じのいい人で、文字どおりの好青年だった。だが脱税の一件では「おいおい、そりゃNGでしょ」と、さすがにフォローのしようがなかった。彼は「うっかりしていた」「忙しかった」と弁明していたが、もちろんそんな言い訳は通用しない。

君たちは学校の教科書で「国民の三大義務」について習ったことを覚えているだろうか。日本の憲法では教育の義務、勤労の義務、納税の義務の3つが定められている。徳井氏は有名人なのだから、なおのこと「納税の義務」の重みを自覚して、慎重に税務処理をやらなければいけなかった。そうでなければ、当局から「刺される」に決まっているのだ。

徳井氏は国税庁から刑事告発されないだけまだマシだった。「青汁王子」こと三崎優太氏は国税庁の調べを受けたあと、1億8000万円の脱税容疑で東京地検特捜部に逮捕され、懲役2年（執行猶予4年）の有罪判決をくらった。国税局が「悪質だ」と判断して検察庁に刑事告発すれば、青汁王子のように刑事裁判にかけられる。徳井氏はそうならなかっただけラッキーと考えて、一から出直してもらいたい。

消費税は20％まで上げていい

収入が多い人にとって、税金の支払いは頭痛の種だ。諸外国に比べて、日本の法人税と所得税（直接税）はあまりにも高すぎる。

1984年の日本の法人税率は、なんと43・3％もあった。企業や工場が次々と海外へ流出したのも当然だ。現在、法人税率は23・2％まで下がったものの、シンガポールの17％、香港の16・5％に比べるとまだまだ高い。しかも香港では、課税所得が2000万香港ドル（約2800万円）以下なら軽減税率が適用され、法人税率はたったの8・25％で済む。88年度の日本の住民税・所得税の最高税率は、合わせて76％にものぼった。現在では55％とだいぶ低くなったが、それでも高額所得者は不満だろう。

僕の提言はこうだ。直接税（＝法人税や所得税）は段階的に引き下げ、その代わりに間接税（＝消費税）を20％程度まで引き上げるのだ。

ハンガリーの消費税は世界最高の27％、北欧諸国は24～25％と税率が高い。その代わり、高負担高福祉で手当が充実している。直接税に比べ、広く薄く徴収する間接税の税収が最も安定していることは、ヨーロッパ諸国が証明している。先ごろ日本の消費税は8％から10％に上がったわけだが、この調子でどんどん引き上げてほしいものだ。

直間比率（＝直接税と間接税の割合）を見直して、直接税を国際標準まで下げ、消費税を20％までアップする。労働力不足の日本は、これから外国人労働者（事実上の移民）を受け入れなければとてもやっていけない。所得税や住民税を安くすることは、日本人だけでなく移民にとってもメリットになる。

消費税による税収が安定しているのとは対照的に、法人税は非常に不安定な財源だ。不景気が続いて大企業が赤字に転落すれば、財源の根幹に影響が及ぶ。税収を法人税に依存するのはかなり危険なのだ。

また法人税と所得税を思いきってカットすれば、日本国内に企業を誘致できる。すでに日本の会社を含む、多くの企業が、税率が低い香港やシンガポールに拠点を移している。これからアジアへ進出しようと思っている外資系企業を、香港やシンガポールに奪われることなく日本に引っ張ってくればいい。

政治家は「シルバー民主主義」からの脱却を

とはいえ、消費税を5％から8％に（14年4月）、そして10％に（19年10月）アップするのも、日本では大騒ぎだった。10％の増税はもともと２０１５年10月に実施する予定だったのに、二度も延期され、やっとのことで10％になった。

なぜ、政府はなかなか消費税を上げられないのだろうか？　それは日本社会に「シルバー民主主義」がはびこっているからだ。有権者のボリュームゾーンは高齢者。さらに、若者の投票率は低いが、高齢者は生真面目に投票所へ出かける。

消費税とは、収入がない状態で消費活動をしなくてはならない人にとっては不利な税制だ。つまり、リタイアした老人の多くが消費税アップに不満をもつ。自民党は支持層からの反発を怖れ、なかなか増税に踏み切れないのである。それと同時に、年金や医療など高齢者向けの政策は手厚いが、若者や子育て世代への手当は後回しにされるというカラクリも存在する。

政治家は勇気をもって「シルバー民主主義」から脱却してほしい。税金という最大のタブーにメスを入れ、本当の意味での「社会保障と税の一体改革」を実行する。こうすることで初めて、自民党トップは「歴史に名を残す」ことができると思うのだ。

The Truth about Money

15

□ 日本の法人税と所得税は諸外国に比べて高すぎる

□ 景気や業績に左右されるため法人税は財源として不安定

□ 法人税を低く設定すれば企業や工場をどんどん日本に呼びこめる

16

民営化

ほとんどの国家事業は民営化していい

総額100兆円を超える日本の国家予算は、60兆円を超える税金と国債などの収益によってまかなわれる。税金の使い道は、各省庁の官僚と与党政治家が押し合いへし合いになって激論を重ね、毎年秋ごろになると「概算要求」という見積もりが固まる。

たとえば2020年度の防衛省予算は、過去最大の5兆3000億円にまで膨らんだ。予算を積み増すために、防衛省の官僚は中国だの北朝鮮だのの脅威といったものについてプレゼンし、アメリカから1機100億円超のF35戦闘機を100機も買おうとしたりする。これだけで1兆円を超える買い物である。このように、官僚と議員の結託によって、法外な支出が国会で承認されていく。

当初は「予算は7000億円あればOK」といわれていたような気もするが、東京オリンピックの総予算はみるみるうちに膨れ上がり、3兆円をはるかに超えるらしい。放映権料やチケット販売の収入があるとはいえ、この予算の大半は税金でまかなわれることになる。

チケットの先行販売がウェブサイトで始まると、アクセスが殺到してオンライン上で1時間待ちなんていう惨状だった。安定したクラウドサービスを使うなど、ほかのやり方はいくらでもあったはずだ。巨額の予算をかけている事業なのに、実態がショボすぎてイスから転げ落ちそうになる。

骨抜きにされてしまった「郵政民営化」

2005年、小泉純一郎首相が郵政民営化のワンテーマで衆議院を解散した。選挙は自民党の圧勝に終わり、20万人もの公務員を削減できる大チャンスが到来した。若い読者は驚くかもしれないが、民営化前の郵便局員はみんな公務員だったのだ。

郵政民営化は、小泉首相にとって最初のマイルストーンだった。まず人件費をカットすべく郵便局の職員を整理し、続いて政府系金融機関である日本政策投資銀行や国際協力銀行でも改革を進める。最終的に地方公務員にまでメスを入れようというのが、小泉首相の公務員制度改革の構想だった。

役所の窓口に出かけてみれば、まったく手を動かさずポケーッとしている役人がワンサカいる。ああいう連中を一掃する大チャンスだったのだ。なんとも残念なことに、民主党政権になってから亀井静香氏が金融・郵政改革担当大臣に抜擢《ばってき》され、小泉政権の郵政民営化改革がまるで骨抜きにされてしまった。政府が株式を保有する「日本郵政」という特殊会社になったせいで、職員の多くは準公務員のままだ。

国家事業を民営化すれば、高すぎる公務員の人件費をガバッと削減できるだけでなく、民間の発想でサービスが格段に向上する。国鉄をＪＲに、電電公社をＮＴＴに民営化したおかげで、「官」による石頭ビジネスがどれだけまともなものに変わったことか。

官僚制度にぶら下がる公務員は、自分たちの既得権益を侵害されることを極度に怖れる。ポスト（仕事場）を失い、官僚から予算を削られないように、彼らは不必要なハコモノをさんざん増産してきた。郵政事業でいえば「かんぽの宿」がその典型だ。あんなものはアパグループのような民間企業が運営したほうが、はるかにうまくいく。

01年、小泉純一郎首相のもとで作家・猪瀬直樹氏が「行革断行評議会」という特命チームに加わった。翌02年から、道路関係四公団民営化推進委員会が4つの道路公団を解体する1000日闘争に突入する。05年、紆余曲折を経てついに道路公団民営化が実現した。

道路公団時代、高速道路のサービスエリアがいかにショボかったかを思い出してもらいたい。学食以下のまずい食事しか置いておらず、薄暗く不潔なトイレはとても入る気がしない。お土産コーナーには欲しいものが何一つ売っておらず、何もかもががっかりなクオリティだった。

別モノに生まれ変わったサービスエリア

そんなサービスエリアが、民営化によってまったくの別モノに生まれ変わった。飲食店はコンペによってテナントが決まり、どの店も競い合うようにメニューを工夫している。地元の新鮮な肉や海産物を毎日仕入れ、港の近くでしか食べられない生シラス丼など、ご当地ならではの食事が並ぶ。Ｂ級グルメの屋台にも活気がある。

もはや「トイレ休憩のために仕方なく寄る」場所ではなくなり、サービスエリアそのものが観光地化したのだ。猪瀬氏が参画した道路公団民営化が途中で挫折していたら、サービスエリアは今も暗黒時代のままだっただろう。

正直なところ、僕はほとんどの国家事業は民営化してしまえばいいと考えている。「大きな政府」を解体して「小さな政府」にシフトするのだ。実際のところ、政府にしかできない仕事なんていうものはほとんどない。クレジットカードやＳｕｉｃａ、ＰａｙＰａｙや仮想通貨といった非中央集権的なお金が普及すれば、通貨発行権さえ必要なくなる。

目指すべきは小さくてシンプルな国家だ。最終的には「国」という障壁なんてなくなってしまったっていい。インターネットの登場後、国民国家というものが「幻想」だったことは、リアリティをもってだんだんと露呈しつつあるのだから。

The Truth about Money

16

□「郵政民営化」は
役人を大幅削減できるチャンスだった
（が、途中でコケてしまった）

□国家事業を民営化すれば
公務員の給料をカットできるうえ
サービスの質も向上する

□「大きな政府」を解体して
小さくてシンプルな国家を
目指すべき

17

グローバリゼーション

「手取り14万円の日本終わってる」という思考が「終わってる」

東京で働いているのに月給が手取り14万円しかないという人が、ツイッターで「日本終わってる」と嘆いていた。「日本が終わってるんじゃなくてお前が終わってるんだよ」とリプを飛ばしたら、たちまち大炎上した。

ツイッターには140文字という字数制限がある。言いたいことをギュッと圧縮し、印象的なフレーズを使って簡潔に伝えるのがツイッターの特徴だ。「お前が終わってる」という突き放したツイートの裏にこめられた、僕の真意を説明しよう。

第一に、安い給料に不満があるのなら、サッサと転職するか、今すぐ副業を始めればいい。本業とは別に月10万円稼ぐのは簡単だ。クラウドワークスで動画編集の仕事を請け負えば、1回4万円の収入になる。動画編集のスキルはYouTubeで身につけられるし、MacProのような高価な機材をもっていなくたっていい。作業の大半はスマートフォンでできるからだ。ウェブページ作成でも、1ページ1万5000円の仕事はザラにある。安月給の仕事を辞めてフリーランスになっても、在宅ワークだけで今と同じ金額を稼ぎ出せる。

それなのに、不満だらけの仕事を辞める勇気も行動力もない。YouTubeやネットメディアで情報が民主化されフルオープンになっているというのに、思考を怠って、そこらじゅうに宝の山が転がっている事実をググろうともしない。そんな「お前が悪い」と僕は思うのだ。

第二に、「手取り14万円」というのはそんなにも不幸なことなのだろうか？　僕に言わせてもらえば、今の時代、月に10万円もあれば楽しく暮らしていける。文句を言いながら無理して東京で暮らすのはやめて、田舎へ引っ越して家賃を極小に抑えればいい。家賃1万〜2万円のアパートなんて、田舎にはいくらでもある。

田舎に引っ越したところで、生活は大して変わらない。コンビニはどこにでもあるし、本や食料品や酒、生活必需品に至るまで、クリック一つでアマゾンが届けてくれる。日本全国、どこへ行ってもユニバーサルサービスが完備されている。ほとんどの場所で4Gの高速通信がつながるし、スマートフォンさえあればネットフリックスやアマゾンプライム・ビデオで映画やドラマを楽しめる。LINEを使えば、海外で暮らす友達と何時間喋ったって通話料はタダだ。

だいたい、家賃も物価も高すぎる東京は「めちゃくちゃコスパが悪い」のだ。

幸せのかたちに正解なんてあるはずがない

日本の教育は、戦時中の軍隊式メソッドを今も踏襲している。どう考えても機能的とはいえない革靴やセーラー服、軍服のような詰め襟の制服を強制的に着せられ、ジャージやパーカーを着ていると教師からしばかれる。「下着は白のみ」「肌着を着るのは禁止」なんていう、セクハラまがいの「ブラック校則」まであるというから驚きだ。そんな規則を守らせることに、いったいなんの意味があるというのだろうか。

こういう教育を受けて育った子どもたちの多くは、教師や親が敷いたレールに乗っかるだけの他律的な生き方を「当たり前」だと信じて疑わない。本音ではそんな人生に不満タラタラなのに、レールからドロップアウトする決心がつかず、ひたすら我慢を続けるというドM生活を送ってしまう。

すでに話したように、今は月10万円も稼げれば楽しく暮らしていける時代だ。何百万円もの学費がかかる専門学校を卒業する必要なんてない。資格をとる必要もない。仕事はいくらでも転がっているのだから、わざとレールから脱輪して外の世界をのぞいてみればいい。

「いい大学を卒業して安定した会社に入り、結婚して子どもをつくって都会でマイホームを購入する。それこそが幸せな人生だ」というファンタジーは、もはやメッキが剥《は》がれて空洞化している。幸せのかたちに正解なんてあるはずがない。だからこそ「自分はどんな生き方をしたいのか」、真剣に考えてみてほしい。

先進国と発展途上国の経済格差は縮小する

「グローバリゼーションによって世界の経済格差が拡がっていく」という認識は間違っている。むしろ、その反対だ。世界中の誰もがインターネットにアクセスできるようになったことで情報がフラット化した。つまり情報格差がなくなったことで、これからは先進国と発展途上国の経済格差はどんどん縮小する。

世界レベルでの格差が是正されるというのが具体的にどういうことかというと、今まで優位な立場にあった先進国のアドバンテージは徐々に失われていくということだ。これまで高いレベルを保ってきた日本の所得水準だって例外ではない。

だからこそ、「日本終わってる」なんて短絡的に絶望するのは間違っている。これからの時代を生き抜くために、今この瞬間からパラダイムシフトしよう。現代社会では、もっているお金の多寡と豊かさの相関性はそれほど高くない。

大切なのは「自分にとっての豊かさ」とはなんなのか、一人ひとりが模索することなのだ。

The Truth about Money

17

□ たとえ月給が手取り14万円でも「全然終わってない」

□ 東京は「コスパが悪い」ので田舎暮らしがおすすめ

□ グローバル化が進むと今まで「先進国」だった日本のアドバンテージは次第に失われる

第4章

マネー革命が始まっている

18

市場開放

偏狭なナショナリズムや純血主義で世界の頂点に立てるわけがない

昔も今も日本人は「黒船」到来に脅えているようだ。かたくなに外国資本を受け入れず、マーケットをオープンにして世界で勝負するということをしない。このまるで鎖国政策のように閉じた外資規制のせいで、Jリーグは失敗してしまった。

1993年にJリーグが誕生したころ、市場規模は92年誕生のプレミアリーグ（イングランド1部リーグ）とほとんど変わらなかった。しかもあのころのJリーグでは、ジーコ（ブラジル）、ドゥンガ（同）、スキラッチ（イタリア）、リネカー（イングランド）、ストイコビッチ（セルビア）など、世界中のスター選手がプレイしていた。

「メディア王」ルパート・マードックは、イングランドのサッカーリーグをキラーコンテンツとして衛星放送の有料会員を増やそうとした。薄汚れたスタジアムは改装され、フーリガンと呼ばれる荒くれ者は追い出され、巨額の資金が投下されてスター選手が世界中から集まった。

そのうえ、サッカーの試合放送を無料の地上波から有料の衛星放送へ移行し、一気に衛星放送の会員数をのばした。さらに世界各国の衛星放送チャンネルやケーブルテレビ局に試合を配信する戦略をとる。こうしてプレミアリーグは、世界中の投資マネーが集まる巨大プロサッカーリーグへと成長したのだ。

かたやJリーグは開幕以来、資金力が乏しいCS放送やスカパーだけで全試合を放送してきた。潤沢な外資を受け入れず、「ガラパゴス」よろしく日本に閉じこもって商売をしたせいで、同時期に誕生したプレミアリーグにとんでもない差をつけられてしまった。

そのJリーグも、ようやくプレミアリーグ成功の秘訣に気づいた。イギリス資本のネットスポーツ中継「DAZN」(ダゾーン)と10年2100億円の巨額契約を結び、2017年から独占中継がスタートしたのだ。この放映権料を使えば、世界の有力選手をバンバン引き抜くこともできる。

18年にはヴィッセル神戸がイニエスタ(スペイン)を、サガン鳥栖《とす》がトーレス(スペイン)を獲得した。このような大物外国人選手が呼び水となり、DAZNマネーとあいまってこれから徐々に有力外国人選手が日本へ移籍するだろう。19年から、1試合に出場できる外国籍選手枠も3人から5人に拡大した。くだらない規制を取っ払って勝負すれば、将来、Jリーグを、プレミアリーグ並みに盛り上げることは十分に可能だ。

ホリエモンの和牛を食べにやってきたベッカム

2007年から、日本政府は和牛を輸出品の目玉としてブランド化してきた。その輸出量は99トン(06年度)から676トン(09年度)と、短期間でケタ違いに伸びている。いまや海外のグルメで「WAGYU」を知らない人はいないほどだ。

16年、僕は極上の国産和牛を提供する「WAGYUMAFIA」というプロジェクトを立ち上げた。会員制焼肉店やカツサンド専門店、立食形式の焼肉バーと、店舗は順調に拡大しており、香港にも進出。近い将来はニューヨーク、ロンドンにも出店する。

「すしざんまい」の名物社長のおかげで、マグロの初競《せ》りに億単位の値段がついても誰も驚かなくなったが、和牛はいまや世界中で認知されているものの、松阪牛1頭に5000万円の値がついたのが史上最高額だ。一日でも早く1頭1億円超えを目指すべきだと思う。

100億円をもっているセレブにしてみれば、1キロ5万円だろうが10万円だろうが誤差の範囲。世界で一番おいしい和牛を求めて、「WAGYUMAFIA」には世界中のセレブが来てくれる。あのデビッド・ベッカムも来店したくらいだ。

ブランドと価格が底上げされ、トリュフやキャビアのような扱いを受けるようになれば、和牛市場そのものがグンと広がる。「WAGYUMAFIA」が世界の頂点に立つ日もそう遠くはないだろう。日本の農林水産業にはすごいポテンシャルがあるのだから、こういう視点でグローバルに勝負していくべきなのだ。

「中国資本に日本を買収される」と怖れるバカ

外国資本を相手に商売しようとすると、内向きの保守主義者が偏狭なナショナリズムを発動して眉をひそめる。中国資本が入ってきた瞬間「チャイナマネーに日本を買収される」と陰謀論を振りまいてしまうバカもいる。

中国人が日本の不動産や山林、水源地を買っているのは事実だ。だがおそらくあれは、単純に安定資産として買っているだけだろう。「いいお客さん」だと思っておけばいいだけの話だ。

このグローバル化の時代に、外国資本の流入を怖れてどうするのだろう。中国本土ではとても食べられないトップ・オブ・トップの和牛を求めて、「ＷＡＧＹＵＭＡＦＩＡ」香港店で中国人が惜しみなく外貨を落としてくれる。素晴らしいことではないか。「日本最高」「日本の食べ物が世界で一番ウマい」と自画自賛するくだらないテレビ番組を見て、既得権益の上にあぐらをかき努力しようともしない――。そんな人たちに国益だの純血論だのを語ってもらいたくはない。

グローバリズムの流れに乗り遅れてはならないのだ。

The Truth about Money

18

□ 外資規制をしてきたせいで
Jリーグ人気はシュリンクした

□「WAGYU」の認知度を上げ
市場を拡大することが
僕の狙いだ

□ 市場をオープンにして
グローバルに勝負するべき

19

技術革新

お金革命や仕事革命を生んだアイフォンという名のイノベーション

技術革新は人々の働き方を一変させ、世の中をグルグル回るお金の流れをも、まったく違ったものに変える。昔は電話一本かけるだけでも、交換手に取り次いでもらわなければ相手にはつながらなかった。ご存知のとおり、今はそんな仕事をしている人は1人もいない。ダイレクトに電話がつながるようになったことで、電話交換手がやっていた仕事は機械に置き換えられた。

『キューポラのある街』という古い白黒映画を見ると、若き日の吉永小百合がパチンコ台の裏を走り回って玉を補給するアルバイトをしている。昔のパチンコは、店員が玉を台に補給しなければ、客から「玉ねえよ！」と怒鳴られた。

なんといっても、現代の革命的な発明品はスマートフォンだ。電話機能にｉモードを搭載したドコモは惜しいところまで到達していたが、スティーブ・ジョブズに先を越された。

ジョブズは当初「これは多機能電話だ。未来の電話はこうやって使われる」というギミックでアイフォンを紹介したわけだが、実は電話機能はただのオマケだった。「これは手のひらサイズのパソコンですよ」というアプローチだったら、ユーザーの間では「パソコンなんて自分に使えるわけがない」という拒絶反応が起きていたかもしれない。

携帯電話やポケベルに比べて、アイフォンは恐ろしいまでに使い勝手がよかった。それればかりではない。ジョブズは誰もが直感的に、なんとなく操作できるようにアイフォンを設計し、ペラ1枚のトリセツすらつけなかった。乳幼児が適当にいじっても、YouTubeの動画にアクセスできるようにしたのだ。

僕は昔、「どうすればパソコンを世界中に普及させられるのだろう。『ネットに常時接続されているパソコン』が手のひらサイズになったらいいな」と妄想していた。

その妄想がかたちになった瞬間、もはやノートパソコンなんていらなくなり、いつでもどこでも、地球の反対側にいたって仕事ができるようになった。僕は毎月のように新刊を出版し、長大な有料メールマガジンを毎週発信しているわけだが、書き仕事はすべてアイフォンで完結している。この「手のひらサイズのパソコン」は僕の仕事のやり方に革命をもたらし、これ1台で宇宙にロケットを飛ばす費用さえ稼ぎ出せるようになった。仕事革命、お金革命が起きたのだ。

「インベンション」だけでは世界は変わらない

経済学者の竹中平蔵さんから「インベンション（発明）とイノベーション（技術革新）」についての話を聞いたことがある。インベンションとは新しい技術を発明し、「以前はできなかったこういうことができますよ」と示すことだ。しかし、せっかく素晴らしいアイデアを思いつき、技術力を駆使してインベンションを生み出しても、それだけでは世の中は変わらない。

インベンションを世に普及させるために新たなビジネスを考え、実行する。インベンションとイノベーションがあいまって初めて、世の中は音を立てて動き始める。パソコンやインターネットというインベンションが出てきても、ブロードバンドというイノベーションがなければ社会には定着しなかった。スマートフォンに音楽やゲーム、カーナビ機能やキャッシュレス決済まで、あらゆるサービスをヒモづけるイノベーションがなければ、アイフォンが世界の仕事とお金の流れを変えることはできなかっただろう。

技術革新の本質は、すごくシンプルだ。「これがあったら便利だな」という思いつきを、「数撃ちゃ当たる」方式でとにかくテストしてみる。膨大なアイデアを片っ端から実験しまくるなかで、とんでもないイノベーションの宝箱のフタが開いたりするのだ。

本田宗一郎だって盛田昭夫だって、何百、何千どころか万単位のトライ・アンド・エラーを繰り返してきたに違いない。圧倒的な数の思いつきと圧倒的な努力によって、彼らは世界をアッと驚かせるようなイノベーションを実現してきた。

しかし近年の日本は、とてもじゃないがイノベーションが生まれやすい土壌とはいえない。突拍子もないアイデアが浮上したところで、中年のオッサンたちが「前例がない」

「実現可能性が低い」と潰しまくり、アントレプレナーシップ（新ビジネスを興そうというスピリッツ）の芽をことごとく摘《つ》んできたからだ。

技術革新が人間に無限の可能性を与える

ＡＤＨＤ（注意欠如・多動症）やＡＳＤ（自閉症スペクトラム障害）といわれる人は、集団の中で他人と同じように動くのがとても苦手だ。その代わり、自分が興味をもったことには異常なまでの集中力と粘り強さを発揮できるという人も少なくない。

ちなみに僕は、地方でのんびりグランピングしていたのはいいが、途中で退屈してしまい、ＳＮＳで呼びかけて急きょ初対面の人と会うなんてこともある。頭の中でひらめきがピカッと光るとじっとしていられない性分なのである。

ＡＤＨＤ上等、ＡＳＤ上等、「多動力」上等だ。かつては「社会不適合者」などとネガティブにとらえられていた人たちが、技術革新によって活躍の場を広げ、いわゆる「まともな人」たちをアッと驚かせる。

技術革新の産物であるネットやスマートフォンなどの道具は、人間に無限の可能性を与える、「希望の光」になりうるのだ。

The Truth about Money

19

□ スマホは仕事革命、お金革命を起こした

□ 技術革新は、無数のひらめきとトライ・アンド・エラーから実現する

□ これからの時代「他人と違うこと」はアドバンテージになる

20

ベーシックインカム

社会保障制度の「ガラガラポン」が既得権益をぶっ壊す！

医療保険や年金制度など、政治課題はいつだって社会保障の問題に集中する。最近では金融庁が「老後資金が2000万円不足する」と指摘する報告書を発表し、マスメディアは大騒ぎになった。老いも若きもお金にまつわる不安で頭がいっぱいだ。

あらゆる社会保障制度をBIに一本化

経済格差がどれだけ広がろうと、みんなが飢え死にすることなく一生安心して暮らしていくための方法がある。ベーシック・インカム（BI）だ。生活するうえで必要最低限の現金を、政府がポンと支給するのだ。

金持ちだろうが貧乏人だろうが受け取る金額は一律で、生まれてから死ぬまで国民全員が受給資格をもつ。その代わり、従来からある生活保護や年金、雇用保険といった社会保障制度は撤廃し、ガラガラポン（総リセット）でBIに一本化する。

『コモン・センス』などの著作で有名なイギリス出身の社会思想家、トマス・ペインは、18世紀にBIの原点となる「最低限所得補償」を提唱していた。

2016年6月には、スイスでBI導入の是非を問う国民投票が実施された。BIが導入されれば、ほかのEU諸国から移民がドドドッと押し寄せる可能性がある。「社会保障の財源が破綻する」という懸念のせいで、有権者の7割以上が反対票を投じた。

17年から18年にかけて、フィンランドではＢＩの実証実験が行なわれた。失業者2000人に月額約7万円を2年間支給し、この間は無税が認められる。ＢＩの収入以外に仕事をして稼いだ分は、税務申告の必要がなく全額を懐《ふところ》に入れていい。必要最低限のお金が毎月支給された場合、人はどういう行動をとるのか。実証実験の結果を踏まえて、これから本格的な導入について検討される。

スペインのバルセロナ、そしてオランダの都市・ユトレヒトでも、ＢＩが試験的に導入された。

ＢＩは今ある補助金制度を取っ払い、既得権益をすべてぶっ壊すことになるから、各方面から猛烈な反対にあうことは必至だ。日本で導入するともなれば、小泉首相がチャレンジした郵政民営化よりもはるかにハードルが高い。「独裁」とまでは言わないが、それに近しいくらいの強力な政権基盤がなければ、一気に社会保障制度を切り替えることは難しいだろう。

難しいことは百も承知しているが、それでもＢＩには挑戦する価値がある。ガラガラポンの結果、貧困層の生活を底上げし、社会の地ならしができることは確実だからだ。

「キリギリス」はそんなに悪いのか

生活保護を受けられずに餓死した人や、電気代が払えなくてエアコンが使えず、熱中症で死んだという高齢者のニュースが取り上げられる。いずれも紛争地帯の難民キャンプではなく、曲がりなりにもGDP世界第3位の先進国である、ここ日本で起きていることだ。

誰にも助けを求めることができず、つらい気持ちで死んでいった餓死者や熱中症患者のことを思うと、僕は心の底から悲しくなる。日本で経済格差が広がっていることを憂慮するのではない。マスコミはそういう論調で騒ぎ立てるのが好きだが、僕はピント外れの指摘だと思っている。

命を落とした人たちは、なぜ他人に助けを求められなかったのか。あるいは、誰かから救いの手を差し伸べてもらえなかったのか。親兄弟や親戚以外にも、行政の窓口、地域住民やNPO、宗教団体など、セーフティネットは幾重にもある。どこかにアクセスさえしていれば、少なくとも命を落とさずに済んだはずだ。

寓話《ぐうわ》「アリとキリギリス」では、冬に備えず遊び暮らしていたキリギリスが、コツコツ食べ物を集めていた堅実派のアリに「自業自得」とばかり見限られ、寒さと飢えで命を落とす。時代錯誤も甚だしい。周囲の人に「助けて！」と発信できない、いや発信することが許されないメンタリティが日本人の間ではいまだ根づいているように思う。完全に義務教育の弊害だ。

話が少し脱線してしまったが、ＢＩの最大のメリットは効率化にある。ＢＩを導入して既得権益を取っ払えば、ムダな組織やシステム、仕事がいらなくなり、公務員の数を劇的に減らすことができる。自動プログラミングによって自分が稼いだ収入から所得税が差し引かれる。消費税率をもっと上げて間接税の徴収率を上げる。それらの税収をプールし、所得が足りない人のところに確実に再配分されるようにするのだ。

ＡＩと機械化の時代に突入すれば、なおのことＢＩの特性が光る。体力勝負のキツい仕事をＡＩやロボットが代わりにやってくれれば、人間はＢＩをもらいながら遊んで暮らせるようになる。

自分にとって楽しいこと、面白いことは何か。本当にやりがいのある仕事や、自分だからこそできる社会貢献とはなんなのか。ＡＩとＢＩの合わせ技で、働き方革命、生き方革命するべき時代がやってきたのだ。

The Truth about Money

20

□ BIでは、生活に必要最低限の現金を政府が国民全員に支払う

□ BIを導入して既得権益を取っ払えば、公務員の数を劇的に削減できる

□ AIやロボットの技術が進化すれば人間は遊んで暮らせる時代がやってくる

21

サブスクリプション

「所有する」という発想を捨てると驚くほど自由になれる

2018年末、僕は日本初のホンダジェットのオーナーになった。7人乗りのプライベートジェットの値段は約6億円。6人でシェアするから、1人1億円の買い物だ。羽田空港は着陸と離陸にそれぞれ20万円もかかる。成田空港は年間数百万円を支払うと、サブスクリプション方式（定額制）で何回でも発着できる。地方空港は1回の発着につき1000～2000円と格安だ。

パイロットの日当や燃料費、維持費などを合計すると、年間の運航コストは1億円もあれば足りる。6人のオーナーでワリカンすると、1人につき年間1400万円程度の維持費でホンダジェットを乗り回せるという計算になる。

「タクシー感覚」でホンダジェットに乗りこむ

「多動力」スタイルで活動している僕は、とにかくめまぐるしく動き回っている。13～14時間かけてヨーロッパへ出かけても、24時間くらい滞在してとんぼ返り、なんてこともザラにある。そんな僕にとって「時短」は生命線だ。プライベートジェットは15分くらいしか待たされないから、空港に着いた瞬間、タクシー感覚で飛行機に乗り込むことができる。去年、北海道に行ったときの行程を紹介しよう。

①朝便で函館に飛んでゴルフ↓　②夕方に函館空港から札幌丘珠《おかだま》空港へ移動。札幌で夕食↓　③丘珠空港から利尻空港へ移動。ウニの食べ比べをしてから稚内《わっかない》でゴルフ↓　④稚内空港から青森空港へ移動。深浦漁港でクロマグロ釣り↓　⑤青森空港から成田空港へ移動。

②の函館から札幌への移動は、車だと4時間くらいかかるのだが、飛行機だとものの20分だ。④の行程は、知人が「今青森県沖に行くとマグロが爆釣りできる」と教えてくれたので、タクシーのノリで予定変更。すると20キロのマグロが本当に釣れてしまった（ちなみにこのマグロはプライベートジェットに乗せて東京にもって帰った）。

1億円という初期費用プラス年間1400万円というコストを「高い」と感じる読者は少なくないと思うが、1分1秒を惜しんで動き回っている僕にとっては、めちゃくちゃ元がとれる買い物だ。

もう一つの重要なポイントは、僕がこのジェット機を独占しているのではなく、6人でシェアしているという点にある。どんなにカッコよく高スペックの高級外車をもっていても、1年に2、3回しか乗らず、ガレージに入れておくだけではムダになる。せっかくの飛行機だ。誰かがコンスタントに利用している状態が最も有意義だと僕は思う。

いまやシェアリング・エコノミーはごく身近な存在になった。たとえばカーシェアリングサービスを使えば、安い料金で自分が乗りたいときだけ車を使える。飛行機のシェアもこれとまったく変わらない。

民泊は高級ホテルより楽しい!

刑務所を出てきてからというもの、僕は特定の家に住むことをやめてしまった。家を所有せず、移動につぐ移動のノマド生活を送る。モノを所有せず、アイフォンだけをもって世界を渡り歩く。もともと買い物にはまったくと言っていいほど興味がなかったが、必要なものは誰かとシェアすればいいという考え方に切り替えた。

サブスクリプションもレンタルも「所有しない」という発想から生まれたサービスだ。いずれもシェアリング・エコノミーの一環だと考えてほしい。アニメや映画のファンがVHSだのDVDだのをコレクションし始めたら、家じゅうがものであふれてしまう。そこでTSUTAYAがビデオレンタルを始め、のちにアマゾンプライム・ビデオやネットフリックスが動画配信を始めた。実体あるモノを所有しなくても、ネットのクラウド上にあるコンテンツにアクセスすることで、いつでも視聴できるようになったのだ。

最近では高級ホテルに宿泊する必要すら感じなくなった。時代錯誤なムダなサービスが多い割に、チェックインにやたらと時間がかかったり、エレベーターホールで何分間も待たされたりする。民泊のＡｉｒｂｎｂ（エアビーアンドビー）を使ったほうがよっぽどいい。Ａｉｒｂｎｂに出されている1泊20万円の超豪華別荘を5組で借りれば、1組あたり4万円でホテルのスイートルームとは違った非日常を楽しめる。

ワールドカップやオリンピックのような大規模なイベントがあると、周辺地域のホテル代の相場は2倍、3倍に跳ね上がる。ネット検索すると、ショボくて狭い部屋なのに法外な値段がついていたりしてカチンとくる。そんなときＡｉｒｂｎｂで検索してみれば、3ＬＤＫのマンションなのに、ホテルよりはるかに安い民泊がゴロゴロ見つかる。これもシェアリング・エコノミーの醍醐味だ。

４００もの雑誌が月額４００円で読み放題のｄマガジン、本を読みまくることができるキンドルアンリミテッド（Kindle Unlimited）、演歌から洋楽、ジャズまで音楽を聴きまくれるアマゾンプライム・ミュージックなど、サブスクリプションのビジネスはますます拡大し、多様化している。

「所有する」という発想をバッサリ切り捨ててみると、驚くほど自由になれる。君も地に足のつかない「多動ライフ」を楽しんでほしい。

The Truth about Money

21

□ 僕は、カーシェアリングの感覚でジェット機を利用している

□ モノの所有は時代遅れだ

□ サブスクやレンタルはシェアリング・エコノミーの一環

22

YouTube

ポジティブな感情でみんながつながるシェアリング・エコノミー

子どもたちが憧れる職業というのは時代を映す鏡だ。小学生に人気があるのは、男子だと野球選手やサッカー選手、プロゲーマー、女子だとパティシエや医師、看護師などらしい。

今、これらの職業と並んで支持率が高いのが、「ユーチューバー」だ。お笑い芸人や俳優よりも人気があるというから驚きだ。たしかに、いまや人気ユーチューバーはアリーナクラスのホールでイベントを開いており、万単位の客がチケット代を払ってそこに集まる。

実はユーチューバー歴10年の僕

かく言う僕も、2009年から動画配信に挑戦している。13年からは大学教授やイノベーターをはじめ、インフルエンサーと呼ばれる人気者をゲストに呼ぶトーク番組「ホリエモンチャンネル」を続けてきた。しかし、19年9月に1人語りのスタイルで時事ネタをバサバサ斬りまくる動画配信を始めたところ、これが大ブレイク。「手取り14万？　お前が終わってんだよ」のツイート炎上事件やヤフーのZOZO買収騒動、青汁王子について語った動画はとくに人気が高く、再生回数は200万回を超えた。

これまでは映像を収録、編集し、YouTubeといえど番組としての体裁をとるスタイルで動画をつくりアップしてきた。しかし、そうした手順でカッチリやるよりも、リアルタイムで注目度の高い、ホットな話題について語ったほうがウケがよかったのである。「生搾り」状態の僕のコメントにこれほどのニーズがあったのか、と面白く思った。

しかもＹｏｕＴｕｂｅには自動再生機能があり、一つの動画が終わると自動的に次の動画の再生が始まるので、僕のトークに興味をもつ人は次々と動画のアーカイブを見てくれる。先ほども触れたが、僕のユーチューバー歴は10年くらいになり、過去の動画ストックも２０００本を超えている。「１人語りスタイル」がウケたことで、まるで図書館の書庫から古い蔵書が引っ張り出されるかのように、過去のコンテンツも再び注目を集めているのだ。

ちなみに僕の場合、動画が1回再生されるごとに、０・5円くらいの収入になる。この数字に動画の再生回数を掛け算してみてもらえば、だいたいどれくらいのお金が入ってくるのか見当がつくと思う。

若い世代はもはや、月曜日の夜9時にテレビの前に張りついて「月9」ドラマを見たりしない。１人世帯ではわざわざテレビをもたない人も増えてきているそうだ。エンタメはスマホで見ればいい。Ｗｉ-Ｆｉ環境があれば、外出先でもネットフリックスやＹｏｕＴｕｂｅで動画を楽しめる。

最近、僕はあまりテレビに出なくなった。テレビ番組の収録はムダに拘束時間が長いのにギャラが安い。また、少々手厳しいことを言ったりすると、映像編集の段階でコメントがバッサリとカットされてしまうことも少なくない。たんに僕の話がつまらないということならそれでも構わないが、番組のスポンサーや局の上層部への「忖度《そんたく》」が見え隠れするものだからタチが悪い。そんな体《てい》たらくだから「テレビはオワコンだ」なんてバカにされるのだ。

ホリエモンチャンネルで、自分が面白いと思うコンテンツをつくったほうがよほどいい。なおかつ収入まで得られるのだから、一挙両得だ。

変人とオタクはユーチューバーになれ

親や教師は、ユーチューバーやゲーマーに偏見をもっている。「そんな不安定な、遊びみたいな仕事で生活していけるわけがない。バカげた夢をもたず就職しろ」と子どもを鋳《い》型《がた》にはめこもうとする。やりたくもない仕事を仕方なくやるより、自分のやりたいことを仕事にしたほうがずっと楽しいのではないだろうか。

もっとも親や教師の言いつけを守って、学校の勉強や習い事だけを黙々とこなしていれば、他人に言われたとおりに動く「普通の子ども」にはなるだろう。だがＡＩや機械が多くの仕事を簡略化するこれからの時代に、「普通の人」が他人から言われたとおりに仕事をこなしているだけでは、いつかその仕事はなくなってしまう。ほかの誰とでも取り替えがきくから、彼らの仕事は陳腐化する一方なのだ。

イノベーションと熱狂をビジネスに昇華できる人は、「普通の人」とどこが違うのか。周りの空気を読まず、自分のやりたいことをトコトン突き詰める。変人と言われようがオタクと蔑《さげす》まれようが、一つのことに徹底的にハマりきる。そして何十、何百という次なる課題に熱中し続ける。こういう人が、ＹｏｕＴｕｂｅのような分野でオンリーワンとして抜きん出る時代なのである。

ＹｏｕＴｕｂｅでは、「この動画、面白いじゃん」と思ったらＳＮＳでリンクを拡散し、友達に「見てごらんよ」と勧める。「いいね！」という感情をみんなとシェアするとさらにたくさんの共感が集まり、ネットワークのようにつながって大きなうねりを生む。ユーチューバーは見返りとして、広告効果に基づく収入を得ることができる。

このようなグローバルな現象を「ポジティブな感情を共有するシェアリング・エコノミー」と読み解けば、石頭の親も教師もユーチューバーという職業への偏見を改めるはずだ。

The Truth about Money

22

□ ユーチューバーなんてくだらない、と言う親や教師のほうがずっとくだらない

□ テレビに出演するよりもYouTubeでやりたいことを発信したほうがずっと有意義

□ 一つのことにハマりきることでオンリーワンの存在になれる

23

ダイナミック・プライシング

アリーナの最前列と最後列の席の値段が同じなんてありえない

「超」がつくほど入手困難なことで有名なアイドルグループ・嵐のライブは、アリーナ最前列であろうがドーム3階の最後列であろうが、チケット代が同じことで知られる。立ち見席や、視界が遮《さえぎ》られる機材開放席まで同じ値段だというから驚く。ジャニーズ事務所のイベントには平等主義が徹底されているのだ。

アメリカやヨーロッパでは、ダイナミック・プライシングが当たり前のように導入されている。マディソン・スクエア・ガーデン（2万人を収容する大アリーナ）にしても、ニューヨーク・ヤンキースの本拠地ヤンキー・スタジアムにしても、いい席には10万円を超える値段がつくことも珍しくない。その代わり、柱が邪魔になって見えづらい最後列のチケットはずいぶん安い値段でゲットできたりする。

クラシックのコンサートやオペラには「スチューデント・ラッシュ」と呼ばれる学割チケットも用意されている。アルバイト生活を送る学生や10代にとっては、一番安い席でもハードルが高い。そんな彼らも文化芸術を楽しめるように、格安の席が用意されているのだ。

日本でも、「ULTRA JAPAN」のようなミュージックイベントでは、VIP席ならぬVVIP席がある。1ブース500万円などというとんでもない値段のコースも用意されているわけだが、それでも席は埋まる。お金をいくら出してもいいから、最高の環境でフェスを楽しみたいセレブ客がいるからだ。

ＶＩＰ客からはガッツリ席代をもらい、見えづらい席は逆に値段をうんと安くする。どう考えても、最前列も最後列もチケットの値段が一緒なんておかしい。ファーストクラス、ビジネスクラス、エコノミークラスが同じ値段であってたまるものか。

ジャニーズ事務所が徹底させているような平等主義は、共産主義的な悪平等だとさえ思う。運営側は「どの席で見る客も、みんな同じファン。気持ちを一つにしてイベントを盛り上げよう」とでも言いたいのだろうか。チケットを購入した全員が納得しているのならなんら問題はないが、そうとばかりも言い切れない。民主主義と資本主義に逆行する悪平等を改めて、一日も早く日本でダイナミック・プライシングが浸透すればいいと考えている。東京オリンピックがそのためのきっかけになればいい。

ＵＳＪとディズニーランドの優先搭乗券

２００１年にオープンしたユニバーサル・スタジオ・ジャパン（ＵＳＪ）は、初年度こそ動員１０００万人を突破したものの、以後は年間７００万～８００万人と動員が伸び悩んだ。そこで、ＵＳＪはアトラクションの待ち時間を短縮する有料の「ユニバーサル・エクスプレス・パス」を取り入れた。また、「おひとり様」の客を相席で優先的に案内する「シングルライダー」という枠を新設するなど、必死で改革を進めた。その結果、動員数がディズニーランドを上回るまでに回復したのだ。

かたやディズニーランドは優先搭乗の「ファストパス」を導入するだけでもずいぶん時間がかかってしまった。ディズニーランドのオタクは、年間パスポートを買って1年間に100回、200回と通いまくる。そういうガチのオタク（ガチオタ）はめちゃくちゃ保守的で、悪平等意識の塊なのだ。だから優先搭乗なんて絶対に認めずキレまくる。

コミックマーケット（コミケ）も同様だ。累計70万人ものオタクが殺到する東京ビッグサイトのコミケでは、毎年すさまじい大行列ができる。前日から徹夜で並ぶガチオタも少なくない。ああいうイベントこそ、優先的に入場できるファストパスチケットや、開場1時間前から入れるVIPチケットなどを高値で売ればいい。そうすればイベントの収益は上がるし、異常な混雑に巻きこまれたくない客の満足度も上がる。だが、これまたオタクは悪平等意識の塊だから、改革はなかなか進まない。

芝居の世界には、昔から反資本主義的な左翼崩れやヒッピーが多いため、これまた悪平等意識がはびこっている。だから地獄のように狭い小劇場に客をギューギュー詰めにするし、劇団員にチケット販売のノルマを押しつけて無理やり収益を上げようとする。どう考えても理不尽なことがまかり通ってしまう、きわめて保守的で非常識な業界だ。

和牛フルコース×クリスマスキャロル

こうした芝居業界を変革するため、僕は「クリスマスキャロル」というミュージカルに毎年チャレンジしている。チケットにはダイナミック・プライシングを導入し、展望ビューシート（5万円）、VIP席（15万円）などもつくった。お芝居を見ながらフリードリンク制でお酒を提供し、超一流シェフによる和牛フルコースの食事も準備した。

可処分所得が高いVIPを満足させ、ゆくゆくは「貸切公演をやってくれ」と頼んでくるVVIPまでも呼びこむ。ローエンド市場に訴求しつつ、ハイエンド市場まで視野に入れてマーケティングをやっていけば「舞台俳優＝バイトを掛け持ちするド貧乏」という演劇界の現状から脱却できるはずだ。また飲食もエンタメの一環なのだから、食と演劇を掛け算するイベントにはさらなる可能性が期待できる。

僕たちはせっかく自由な資本主義社会に生きているのだから、イベントをつまらなくする手かせ足かせなんて、とっとと取り払うべきなのだ。

The Truth about Money

23

□ 欧米ではダイナミック・プライシングが当たり前のように導入されている

□ オタクにキレられるのを怖れて日本のエンタメ業界ではなかなか改革が進まない

□ 「クリスマスキャロル」ではVIP向けに15万円の席も用意した

24

GAFAとBAT

アマゾンが本気を出せば日本のECサイトなんて「瞬殺」だ

世界時価総額ランキングのトップ5は①アップル　②マイクロソフト　③アルファベット（グーグルの親会社）　④アマゾン　⑤フェイスブックと、アメリカのIT系企業ばかりが占める。このうち①③④⑤はそれぞれの頭文字をとって「GAFA」と総称される。

このGAFAの時価総額を合計すると日本円換算で約516兆円（2019年11月時点）にもなり、これは日本の国家予算の5年分近くにのぼる。

アマゾンの研究開発費は年間2・5兆超え

圧倒的な資金力を誇る彼らは、すさまじい勢いで成長を続けている。そしてアマゾンは年間2兆5600億円、グーグルを擁《よう》するアルファベットは年間1兆7000億円、フェイスブックは年間8500億円もの金額を研究開発費として投資している。

アマゾンはフェデックスばりに世界中に飛行機を飛ばしまくり、船も運航させている。地上ではUberEats《ウーバーイーツ》的なパートタイムのドライバーに荷物を運ばせて、運送費を圧縮する。巨大倉庫も世界中につくっている。

何よりも充実したサービスを支える技術力がすごい。配送センターでは「Kiva（キヴァ）」と呼ばれる自動ロボットが走り回り、商品の詰まった大きな棚を塊《かたまり》ごと運んでいる。そして最終的な商品のピッキングだけは、たくさんの人間を雇って任せているのだ。

ＡＷＳ（Amazon Web Services）というクラウドサービスもよくできているし、ウェブサービスではマイクロソフトと遜色《そんしょく》ない。アマゾンでは1カ月の売上に相当するキャッシュフローが毎月生まれる。兆円単位のキャッシュを自由自在に投資に回せるのだから、もはや無敵だ。それこそアマゾンが本気を出せば、和製のＥＣサイトなんて「瞬殺」で呑みこまれてしまうに違いない。

フェイスブックのマーク・ザッカーバーグなんて、非情なまでの選択眼で「次にヒットしそうなアプリ」があると必ず買収する。２０１２年にザッカーバーグが10億ドルでインスタグラムを買収したときには「えっ、こんなアプリにそれほどの価値があるの⁉」と誰もが驚愕《きょうがく》したものだ。

ＧＡＦＡに追随するのが、中国のＩＴ系企業ＢＡＴ（バイドゥ、アリババ、テンセント）だ。中国は共産党の一党独裁国家だから、フェイスブックやグーグルといったアメリカ系ネット企業のサービスが使えない。だから独自の検索エンジンやＳＮＳを自前でつくっている。

アリババは毎年11月11日に「独身の日」と呼ばれるネットショッピングのセールを実施しているのだが、19年はなんと売上が４兆円を突破した。１年で４兆円ではなく、たった１日で４兆円だ。中国の人口はすでに14億人を超えている。その巨大人口の果てしない消費欲をすくい上げ、BATが急成長を続けているのだ。

孫正義のLINE経営統合は成功か失敗か

2019年11月、孫正義さんが率いるソフトバンクグループのZホールディングス（ヤフーの親会社）がLINEとの経営統合を発表した。日本・台湾・タイの3カ国で、LINEは数多《あまた》のメッセンジャーアプリのなかでダントツの人気を誇る。この人気を利用すればPayPay系のモバイル決済やeコマース、銀行ビジネスなどを、この3カ国で成功させられる。

問題は、この3カ国の人口を合計しても2億人ほどにしかならないこと。人口2・7億人のインドネシアまで取りこむことができればよかったのだが、うまくいかなかった。たった2億人の市場では、GAFAやBATに対抗しようとしたところで勝ち目はない。バズーカ砲に対して、竹槍で戦いを挑むようなものだ。

ZホールディングスとLINEは「年間1000億円を投資する」と息巻く。GAFAの投資額の10分の1、20分の1というショボすぎるお金を投資したところで、砂漠に水打ちをするようなものだ。兆という単位でAI開発に投資を続けるGAFAの前では、年間

1000億円程度のお金はたちまち干上がってしまう。

孫正義さんが唯一見いだせる勝機は、ソフトバンクが通信キャリア（電気通信事業者）ビジネスをもっていることだろう。通信キャリアはGAFAにはない。フェイスブックはTモバイルと合併して、ソフトバンクのように通信キャリアビジネスをやりたがっている。だが、アメリカの規制当局はなかなかそれを認めようとしない。独占禁止法違反にあたる可能性があるからだ。

通信キャリアとメッセンジャー系プラットフォームの合体は、最強コンボだ。スマホで最も頻繁に使われるアプリはメッセンジャー系だから、これにモバイル決済やファイナンスビジネスを組み合わせれば、営業利益1兆円を叩き出せる。そこを足がかりに数十兆円の時価総額まで成長できれば、GAFAやBATのお尻あたりまで追いつける。

アフリカ諸国や中近東、アジア太平洋には、GAFAやBATが触手をのばしていない国、すなわち未開拓のフロンティアがまだたくさんある。そこに今から投資してシェアを独り占めし、通信キャリアもファイナンスもメッセンジャーも一手にソフトバンクグループが手がける。

こういう戦略で攻めこめば、「やられっぱなし」の状況から脱却できるかもしれない。

The Truth about Money

24

□ GAFAの時価総額を合計すると日本の国家予算の5年分近くになる

□ 14億人もの人口に支えられ急成長を続ける中国のBAT

□ メッセンジャー系アプリと通信キャリアの最強コンボで孫正義さんにも勝機アリ

25

合法カジノ

カジノ合法化に反対しながらパチンコや競馬はスルーするバカ

2016年、野党やメディアから轟々《ごうごう》たる非難を浴びながら、国会でIR（統合型リゾート）推進法が成立した。21〜22年ごろには誘致都市が決まり、いよいよ日本版合法カジノが誕生する。

僕は昔からギャンブルを嗜《たしな》んでいる。競馬にもハマり、一時はプロになろうかと本気で思っていたほどだ。また、ラスベガスやマカオ、シンガポールのマリーナベイ・サンズをはじめ、世界中のカジノを渡り歩いてきた。

超VIPは飛行機代も宿泊費もタダで「ご招待」

一般客が訪れるザラ場（平場）と呼ばれる場所では、1ドルや50セントでスロットマシーンを回すことができる。気持ちよくどんどんお金を使ってくれるように、美人のお姉さんがフロアを歩き回りながら、フリードリンクのビールやカクテルをもってきてくれる。

その酒を飲みながら1万円使えば、スロットマシーンで1時間以上は遊べる。ルーレットは赤か黒かという2択でチマチマ賭ければいいのだし、ブラックジャックやポーカー、バカラでは一度にたくさんのお金を賭けすぎないようにすればいい。ザラ場では冷やかし半分の観光客がほとんどだから、カジノ側の儲けはトントンか赤字だ。

では彼らはどこで儲けているのか。実は大口の客には専用のＶＩＰルームがあり、ザラ場からは見えない場所でとんでもない攻防戦が繰り広げられている。井川意高《もとたか》さん（大王製紙の元会長）の『熔《と》ける』という手記にくわしく記されているが、彼はバカラで1勝負3000万円を賭け続け、最終的に106億8000万円をスッた。

井川さんのような超ＶＩＰには、カジノ側がファーストクラスやビジネスクラスの航空チケットを無料で確保してくれ、空港には黒塗りのリムジンが出迎える。ホテルはスイートルームをタダで提供してもらえる。超ＶＩＰ客は、ザラ場のトントン利益を一瞬のうちに黒字に転換する巨額のお金を落としてくれるのだ。

カジノ誘致は、たくさんのインバウンドを日本に呼びこむチャンスにもつながる。わざわざラスベガスまで行ってギャンブルしかしない、というインバウンドは少数派だ。ラスベガスではシルク・ドゥ・ソレイユやライブコンサートのステージのほか、ボクシング世界戦や総合格闘技のＵＦＣなども開催される。射撃場へカラシニコフ（ＡＫ-47）を撃ちにいくのもいいし、ラスベガスから車で爆走してグランド・キャニオンまで足をのばすのもいい。カジノをハブ（拠点）として、インバウンドからたんまり外貨を落としてもらうのだ。

「ギャンブル中毒者が増える」「治安が悪化する」とカジノ誘致に反対する日本人は、海外カジノの実態にかんしてあまりに無知だ。油田を所有するようなレベルの中東の超VIP客にとって、日本のカジノで1億、2億負けようが誤差の範囲。彼らにとって、ギャンブルはただの暇潰しであり娯楽だ。また先述したとおり、大多数の一般客はエンタメや観光とセットでカジノにやってくる。だから治安が悪化するわけがない。

韓国のカジノは、韓国人がほとんど入れないように入場規制をかけてしまったせいで、いまいち盛り上がらずにさびれてしまった。日本版カジノをつくるときには、誰でもフリーで入れるようにしたほうがいい。地元の人も国も巻きこんでお祭りムードを演出しないと失敗する。マカオやシンガポールの成功例に学ぶのだ。

建前上、競馬は「ギャンブルではない」

そもそも、なぜカジノ合法化に対して拒絶反応に近いリアクションをとる人たちがいるのか、よく意味がわからない。日本では、どんなド田舎に出かけても必ずと言っていいほどパチンコ屋がある。競馬だってどう見てもギャンブルなのに、合法化するための建前上「ギャンブルではない」ことになっている。スマホのソシャゲによくある課金制の「ガチャ」なんて、それこそ依存性の高い立派なギャンブルだろう。しかもこのガチャは、けっして裕福とはいえない層からお金をむしりとろうという、えげつないビジネスモデルを採用している。

年末になると行列をつくってジャンボ宝くじを買い求めるのに、「カジノだけは絶対にダメ」と主張したところで、そんな理屈は通るはずもない。「賭博は違法だけどパチンコや競馬は合法」という現況は、まるで、自衛隊の存在をスルーしている憲法9条のようでもある。ギャンブルがいけないものだと本気で思うのならば、市民運動でも起こしてパチンコ屋と競馬場とガチャを撲滅すればいい。

「統合型リゾート」の触れ込みでスタートするからには、カジノに併設して世界トップクラスのショーやレストランを整備する必要がある。レディー・ガガは「LADY GAGA Enigma」と称して、ラスベガスにビッチリ張りつきで定期ライブをやっている。

先進国の中で、カジノがない国なんて日本だけだ。ガガクラスのスーパースターのスケジュールをガッチリ押さえ、洗練されたショーやコンサート、また歌舞伎や能などもインバウンドに楽しんでもらう。寿司や和牛、ミシュランの星付きラーメン屋など、超充実のレストラン街をつくる。

遅きに失した感はあるが、マカオやシンガポールに続いて、日本のカジノを極東の一大エンタメ産業に育ててもらいたい。

The Truth about Money

25

□ カジノ経営における生命線は超VIP客に足を運んでもらうこと

□ パチンコや競馬はスルーしてカジノにだけ反対するのは矛盾している

□ カジノを拠点にじゃんじゃんインバウンドを日本に呼びこめばいい

第5章

信用があれば お金は いらない

26

クラウドファンディング

お金が余っているという人が世の中にはいくらでもいる

ニューヨークの街を歩いていると、どこの公園でもジャズミュージシャンやダンスユニット、パントマイムのパフォーマーなどがストリートショーをやっている。アメリカには寄付文化が根づいているから、通行人はニコニコ顔で1ドル札を投げ銭する。地下鉄に乗っていると、アコーディオンを弾きまくりながら車両から車両へと渡り歩き、なかば強引に投げ銭をもぎとろうとする猛者《もさ》までいる。

日本では長らくこうした投げ銭文化が途絶えていた。

クラファンで集めたお金でロケットが空を飛ぶ

しかし、2011年の東日本大震災をきっかけに、全国各地で募金や寄付がさかんになった。被災地を復興させるため、東京から移住して現地にNPO法人を立ち上げた起業家も大勢いる。活動資金を集めるために、クラウドファンディングという手法も使われた。活動方針に賛同したネット上の群衆（crowd）から投げ銭を募ったのだ。見返りとして、「メールマガジンを配信」「地域の特産品をプレゼント」といった特典が贈られることもあった。

13年には、津田大介さんと東浩紀《あずまひろき》さんがチェルノブイリ原子力発電所を取材しにいくプロジェクトを立ち上げ、600万円以上もの取材資金がクラファンで集まった。取材費が乏しいフリーランスのジャーナリストや、インディーズ（独立）系の映画監督が、ネット上で100万円単位の資金を集めて記事を書いたり作品をつくったりできるようになったのだ。

僕が北海道大樹町《たいきちょう》で挑戦しているロケット打ち上げプロジェクトでも、クラファンを利用して資金を集めている。「打ち上げに失敗して炎上したロケットの破片をプレゼント」（5万円）というシャレのきいたコースを設けたら、これがけっこう人気を集めた。「ロケット発射ボタンを押す権利」（1000万円）にも申し込みがあった。本当にありがたいことに、2000万円を超える金額が集まった。

「価格自由」という、変わりダネのクラファンもある。19年5月、幻冬舎の名物編集者・箕輪《みのわ》厚介君が、光本勇介さんというイノベーターの新刊『実験思考』を発売したのだが、紙の書籍は原価の390円で売り出され、電子版はなんと無料で公開された。そして、本の最後に載っているQRコードにスマートフォンをかざすと、投げ銭のページにジャンプする。この方式で、光本さんはなんと1カ月で1億円を集めたのだ。

19年7月には、僕も『ハッタリの流儀』という本（これも箕輪君の編集だ）を発売して「価格自由」をやってみた。返礼品として「一緒に麻雀《マージャン》する権利」（10万円）、「ホリエモンチャンネル出演権」（50万円）、「LINE交換」（100万円）、「1日密着権利」（300万円）、「結婚式に参列してもらう権利」（1000万円）などを設定したところ、約1億5000万円が集まった。

クラファンや「価格自由」が当たり前のように世の中に浸透すれば、イノベーターやクリエイターが面白いことにどんどん挑戦できる社会にきっと変わっていく。

お金が余っている人にカンパを「おねだり」

「CAMPFIRE（キャンプファイヤー）」というクラファンのサービスを立ち上げた家入一真《いえいりかずま》さんが、2017年に「polca」（ポルカ）という面白いサービスを始めた。通常のクラファンは顔の見えない不特定多数を相手に投げ銭を呼びかける。対する「polca」は、募集のURLを知っている人だけがアクセスできるため、支援者が友人知人に限られる。つまり「フレンドファンディング」というわけだ。

たとえば「北海道大樹町でスナックを開業したい。まずは現地を視察したいから応援してください」と呼びかけて、100円でも200円でもいいから投げ銭してもらうのだ。

お金が余っている、という人がこの世の中にはいくらでもいる。頑張っている青年がいれば、ノリで1万円、2万円をポンポンとカンパしてくれたりする。

「価格自由」を成功させた箕輪君は、渋谷のスクランブル交差点のド真ん中に本が置かれている様子をイメージしているのだという。本の周りに集まった何千人、何万人という読者が1冊の本を読み終えて「テンション爆上がり」しているというのに、そっと本を閉じておしまい、というのではもったいない。寄席《よせ》で大笑いした客がステージにオヒネリをバンバン投げるように、その興奮が冷めやらぬうちにこちらからチップをもらいにいこう、というのだ。

ネットという技術革新によって、顔の見えない者同士が直接つながる「ピア・トゥ・ピア」が実現した。クラファンで1000万円単位の資金が集まるとなると、上場企業や投資ファンドの存在意義は遅かれ早かれ消えてなくなる。

ネットの本質の一つには「中抜きを省く」というものがある。なるほど、ネットが個人と個人をダイレクトに結びつけてくれたおかげで、お金も手間も省けるようになった。

そして、この風景にはどこか既視感がある。そう、僕たちは「物々交換」という商取引の原点に再び立ち返っているのだ。

The Truth about Money

26

□ クラファンを利用すれば面白いことに挑戦できる時代

□ 保守的な出版業界で「価格自由」を成功させた光本さんはすごいアイデアマンだ

□ 人と人が直接マッチングするクラファンはかたちを変えた「物々交換」

27

オンラインサロン

なぜ、僕はサロンで月額1万円もの会費をとるのか?

僕が主宰するオンラインサロンＨＩＵ（堀江貴文イノベーション大学校）には、現在１６００人以上のメンバーがいる（２０２０年1月時点）。約30の分科会グループがあり、ビジネス、遊び、勉強会、「ホリエモン万博」というお祭りなどなど、メンバーは縦横無尽に活動している。

月額1万円の会費がかかるものの、僕がメンターとなって手取り足取り１６００人のメンバーの面倒を見るわけではない。もちろんサロンの主宰者としてコミットはするが、基本は「放置プレイ」だ。サロンという巨大な放牧場（コミュニティ）を僕が準備し、そこでのびのびと草を食べ、成長してもらうことを望んでいる。

１６００人でワイワイ遊びながら仕事を生み出す

かつて立川談志が立ち上げた立川流一門も一種のサロンだった。談志は入門する弟子から10万円の入会金をとり、前座から二ツ目までは毎月2万円、真打からは毎月４万円の上納金をとった。弟子だからといって、ピアノ教室の先生のように丁寧にレッスンするわけではない。しかもタダでは落語を教えない。家事や雑用でこき使い、しくじった者は容赦なく罵倒《ばとう》したらしい。それでも落語を学びたい弟子は、上納金を払い続けた。

日本初のオンラインサロンは、「オタキング」こと岡田斗司夫が2012年につくった「FREEex（フリックス）」だ。会員は毎月1万円の月謝を払うだけでなく、テープ起こしやイベントの運営スタッフなど、彼の仕事をボランティアとして手伝う。月謝を払ってでも参加したい「大人の部活動」は活況を呈した。

なぜ僕がサロンで月額1万円の会費をとるのか。「信者を囲って金儲けするのが目的」などとトンチンカンなことを言う輩《やから》もいるが、ひどい曲解だ。1万円あれば赤ちょうちんに3回は行けるだろう。多くの人にとって、月にそれだけの金額を捻出するのはハードルの高いことだとよくわかっている。だからこそ、それだけの負荷をかけることによって、冷やかし半分の客を振るいにかけて排除できるのだ。

月会費を払ってまでサロンに参加してくれるメンバーが1600人もいることは、大変な強みだ。これだけの人数が集まれば「たまにはオフ会をやろう」。どうせバーベキューをやるなら祭りにしちゃえ」と夏祭りを企画することだってできるし、「山の中で焚き火しよう」「オーロラを見にいこう」などと面白そうなことにどんどんチャレンジできる。

ただ遊ぶだけでなく、ゲストを呼んでイベント化し、一般客からチケット代をとって収益化すればビジネスになる。メンバー同士で起業したっていい。コミュニティの中でワイワイ楽しく遊びながら、仕事が生まれる仕組みをつくっているのがHIUだ。

KKO（キモくて金がないオッサン）だって活躍できる

日本にいるたくさんの若者が、停滞を続ける経済と少子高齢化の未来に不安を感じている。職場環境や待遇に不満を抱き、「もっと面白くて儲かる仕事をしたい」と歯噛みしている人も多いはずだ。

そんな人たちが、年齢や学歴、肩書きなどといったいっさいの属性を取っ払って、HIUのコミュニティに参集する。東京一極集中のメリットもないので、地方や海外に住んでいるメンバーは地方支部や海外支部のオフ会をつくる。承認制のフェイスブックに参加し、オンライン上で1600人のメンバーとつながって、目まぐるしく頭を回転させながら新たな価値を創造する――。

こんなことを言うと少しオーバーに聞こえるかもしれないが、僕はHIUによって「生き方改革」という社会実験をやっているのだ。

一説によると、日本全国には100万人もの引きこもりがいるそうだ。彼らが中年のオジサンやオバサンになったとき、80代の親が50代の子どもの面倒を見なければならない「8050問題《はちまるごーまる》」がリアルに深刻化する。

いじめやトラブルで小中学校に通えなくなったり、高校を中退してしまったりする。大学受験や就職活動がうまくいかずニートになる。今の日本社会では、ひとたびレールから逸脱した人はなかなか再チャレンジできず、「落伍者」とばかりに白い目で見られる。

しかし今の時代、学校になんか通わなくても教育は受けられる。ネット環境さえあれば、世界のトップ大学が無料で配信している講義や、膨大な数の論文に自由にアクセスできるし、どうしても大卒資格が必要だというのなら、放送大学に入学すればいい。人は何歳になってもいくらでも成長できる。

ＨＩＵによって、僕は引きこもりや落ちこぼれに対する世間のバイアスをぶち壊したい。オンライン上のコミュニティが彼らの受け皿になれば、思いもよらない化学反応が生まれるかもしれない。最新のガジェットやプログラミングに異常に詳しい機械オタクがいれば、ウェブサイトや動画ＣＭ、ＣＧアニメの制作で仕事が見つかるだろう。鉄《てつ》ちゃん（鉄道オタク）市場なんてものすごい規模だから、マニア受けするイベントをどんどん企画するのもいい。

何万、何十万というＫＫＯ（キモくて金がないオッサン）を社会の負債とするのではなく、イノベーションを生み出す人材としてオンライン上でどんどん働いてもらう。

オンラインサロンには、そんな未来を切り拓く可能性すらあると僕は信じているのだ。

The Truth about Money

27

□ サロンの会費を高めに設定して冷やかし半分の客を振るいにかけている

□ 僕はサロンで「生き方改革」の社会実験をやっている

□ KKO（キモくて金がないオッサン）がイノベーションを生み出す可能性も

28

コミュ力

ググればなんでもわかる時代だからこそコミュ力が武器になる

ネットとスマホの技術革新のおかげで、ググればなんでも3秒以内にわかる時代になった。VHSすら普及していなかった時代は、ジミ・ヘンドリックスがどうやってトリッキーにギターを弾いているのかわからなかった。アート・ブレイキー（伝説のジャズドラマー）がどうやってドラムを叩いているのか、レコードに聞き耳を立てて想像するほかなかった。プロのミュージシャンがどのようにプレイしているのか、周辺機材にどんな型番のものを配置しているのか。人里離れた山奥で暮らすアマチュアの音楽愛好家でさえ、いまや情報を自分で取りにいける。ネットにアクセスすれば、クラウドに転がっているオープンソースの情報を誰もが手に入れられる時代になったのだ。

コミュ力を駆使してリピーターをゲット

ネットがなかった時代、寿司職人になりたければ寿司屋の大将に弟子入りするしかなかった。何年も丁稚《でっち》としてこき使われ、卵焼きのつくり方一つ教えてもらえなかった。ネタやシャリに触らせてもらえるようになるまでには、さらに数年かかる。今ではクックパッドに万単位のレシピが載っているし、モンゴル料理だろうがギリシャ料理だろうが、材料の詳細や動画はあふれている。

つまり丁稚として3年も4年も下働きしなくても、いきなりプロの料理人の領域にアクセスできるようになった。となると、現代の飲食店はたんに料理人の腕がいいだけではほかの店と差別化できない。店の看板に等しいウェブサイトやSNSを利用してPR効果を高めること、リアル店舗においては客との親密なコミュニケーションをとれることがマストになってくる。

2005年に出版されて累計100万部超のベストセラーになった『人は見た目が9割』（竹内一郎著）という本を読むと、服装や髪型に気を配ること、そして何よりも内面からジワッとにじみ出るコミュ力がものすごく重要だとわかる。

営業マンのセールストークは、顔を合わせてから30秒で決まる。30秒以内に話の核心を簡潔に説明できなければ、そこで勝負ありだ。もっと言うと、コミュニケーションは出合《であ》い頭《がしら》の第一印象で決まる。会った瞬間「こいつ、なかなかいいヤツそうだな」「面白そうだな」と思ってもらえれば、その瞬間から相手は胸襟《きょうきん》を開いてくれる。

対人コミュニケーションの能力と人間性、そして火花がスパークするような情熱こそが、ネット時代には強力な武器となるのだ。

癒しの笑顔で客の心をつかむスナックのママ

なぜオジサンはスナックに足を運んでしまうのだろう。大半のスナックではデミグラスソースハンバーグやオムライスのような一手間かかる料理は出てこない。せいぜい冷凍モノのピザやピクルス、サラミやナッツといった乾き物やお菓子くらいだ。あとは客がビールや水割りを適当に飲む。

料理が充実しているわけでもないのに、客はお店で何時間も過ごし、5000円、6000円というお金を気分よく落としていく。ママが泥酔して使い物にならないときには、常連客が洗い物をしたり、ほかの客に酒を出してやったりして、無償で店の仕事を手伝う。まるで気のおけない友人と酔っぱらっているみたいな、まったりした同窓会のような雰囲気なのだが、それが客にとっては魅力なのだろう。そのような緊張感のゆるいコミュニティをつくり出すのは、店を仕切るママの人柄とコミュニケーションスキルの賜物《たまもの》だ。

「ショートショートの神様」と呼ばれる星新一の作品に「ボッコちゃん」という短篇小説がある。人気バーテンダーとして店で働くボッコちゃんは、はっとするような美人なのだが、その正体は精巧につくられたロボットだ。ボッコちゃんは、客が言うことをそのままオウム返しする初歩的なＡＩしか搭載していない。でもこのＡＩ、意外にもコミュ力が高いのだ。

「誰が好きだい」「誰が好きかしら」「僕を好きかい」「あなたが好きだわ」「映画へでも行こう」「映画へでも行きましょうか」といった具合に言葉のラリーゲームをやっているだけなのに、客はたちまちポワーンとなりゾッコンに惚《ほ》れて店に通い詰めてしまう。

生身の人間がカウンターの中で立つスナックでも、ママは必ずしもハイレベルなトークを展開するわけではない。ニコニコ笑いながら客のボヤキや愚痴に耳を傾け、適当にあいづちを打ちながら「でもそれってアレよね」と可もなく不可もないアドバイスをしてあげる。たったそれだけのことで、客は満足度を高めてくれるのだ。

コミュ力とはスキルではなく、センスによって高まるものだ。自分が「コミュ障」だと自覚している人は、とにかく場数を踏むしかない。失敗しながら経験値を増やし、成功体験を積み重ねる。そうすればコミュ障や非モテなんて、必ず事後的に克服できる。

身も蓋《ふた》もないことを言うと、信用があってコミュ力が高い人はそれだけで世の中を渡っていける。周りの人から好かれていれば、もはやお金なんて必要ないのだ。友人や知人が喜んで投げ銭してくれるし、支援してくれる。

これは原始の時代から変わらない、人間のコミュニティにおいてはごく当たり前の営みなのだ。

The Truth about Money

28

☐ コックの下積み修業は不要。プロのワザをスマホでググればいい

☐ 「コミュ障」も「非モテ」も勇気をもって場数を踏めばいくらでも克服できる

☐ 信用があってコミュ力が高い人はそれだけで生きていける

29

キュレーション

自分の判断で
わからないことは
信頼できる
プロの知恵を借りていい

キュレーション（curation）という言葉は、もともと美術館や博物館の展示内容をチョイスする目利きに使われていた。キュレーターと呼ばれる専門職が膨大な史料、骨董《こっとう》やアート作品の中から取捨選択をし、客を喜ばせる展示会の企画を考えるのだ。

ネット時代の幕開けとともに、世の中には情報があふれるようになった。その情報量たるや、ネット以前の何万倍、何十万倍という規模だと思う。ユーザーは時として途方に暮れ、情報の洪水の中で溺《おぼ》れてしまう。

そこでネット社会でも「キュレーションによる目利き」が注目を集めているのだ。

キュレーターを選べばステマの心配もない

僕は「ＴＥＲＩＹＡＫＩ」というグルメ情報アプリを運営している。「ＴＥＲＩＹＡＫＩ」のスマホアプリを開くと、全国各地のウマい店の情報がズラリと並ぶ。情報を提供するレポーター「テリヤキスト」たちはウマい店ばかりを食べ歩いているグルメだ。舌の肥えた彼らが店に足を運んで料理を堪能《たんのう》し、率直な感想を記している。

ぐるなびやホットペッパーに書いてある口コミ情報は、書き手がズブの素人なので信用が置けない。ステルス・マーケティング（ステマ）の偽情報が交じる危険性もある。その点、顔と名前が見える「テリヤキスト」によるキュレーションには信用が置ける。僕はこのサービスを、ゆくゆくはミシュランと肩を並べるレベルにまで成長させたい。

編集者も一種のキュレーターである。この専門職は情報のキュレーター、コンシェルジュとしてこれからますますニーズが高まると思う。スポーツ選手、アントレプレナー、料理人など、まだ世間のスポットライトを浴びていないプロフェッショナルはいくらでもいる。彼らがもつ仕事術なり哲学なりを編集者が引き出してキュレーションし、1冊の本に仕立て上げるのだ。

プロフェッショナルにはかなりの「変人」も多く、彼らが積極的に発信したいメッセージがそのまま世間で「ウケる（＝売れる）」とは限らない。そこで編集者が間に入り、調整役を務める。多くの人に受け入れてもらえる内容にディレクションするというわけだ。

編集者と聞くと出版社に勤めている人を想像する読者も多いと思うが、つくるものは本とは限らない。映像や音楽など、コンテンツをつくり出す人はみな編集者だ。

政治記者のぶら下がり取材はくだらない

ウェブサイト「ホリエモンドットコム」を立ち上げたとき、僕は意識的に自らキュレーターになろうとした。「会いたい人に会いに行く、やりたいことをやりに行く。ホリエモン自身が記者になる」をコンセプトとしたのだ。誰もやったことのない新しい仕事に挑戦する起業家、産学連携でイノベーションを生み出す研究者などを直撃し、最先端の知見を聞いて、みんなとシェアしようと考えた。

ジャーナリストの仕事の本質は「ホリエモンドットコム」のような「なんでも見てやろう」精神にあるはずなのに、大手マスコミで働くサラリーマン記者はどうでもいい仕事ばかりしている。ニューヨーク・タイムズの記者のように、世界中の紛争地帯や貧困地域に住みこみで取材し長い記事を書くなんてこともないし、骨太の調査報道なども少ない。

政治記者がまるでコバンザメみたいに政治家にくっついて回り、全員そろって同じ話を聞くことになんの意味があるのだろう。記者会見では、会議室に集合した記者がつまらない質問を繰り返しては、その回答をパソコンに打ち込んでいる。

AP通信やロイター通信では、このようなストレートニュースの配信は下っ端の新人記者の仕事だ。署名記事や調査報道、オピニオンを書くジャーナリストは、ほかの記者と群れることなく単独で取材を進める。

公式発表をそのまま記録して発信するだけの、まるで速記係のような記者なんて、もはや必要ない。第一、音声認識システムで文字起こしすればいいだけの話だ。

すでにオワコンと化した日本の新聞社は、このままではますます読者が離れて行き詰まる。コストがかかるニュース報道は通信社に外注し、通信社の情報を各社がシェアする方向に落ち着くだろう。

いまや新聞よりも、ＳＮＳのほうがよほどキュレーターとしての役割を果たしている。たとえば僕は、インスタグラムでおすすめの商品をよく紹介している。まだ実験段階ではあるのだが、インスタグラムは「チェックアウト」というショッピング機能を導入した。紹介した商品をクリックすると、決済までインスタグラム上で完結できるシステムだ。これを使えば、僕のアカウントを「ホリエモン商店」として活用し、アフィリエイト収入を得ることもできる。ユーザーにとっては、信頼できるキュレーターの目利きがありがたい。

「これってステルス・マーケティングかな」「これってもしかしたらフェイクニュースかも」と不安になったとき、信頼できるキュレーターのＳＮＳをのぞいてみる。自分の判断ではわからないことは「オレにはわからない」と認める勇気をもち、恥ずかしがらずに他人の知恵を借りていい。

新聞やテレビといったオールドメディアがキュレーターの役割をほとんど果たしていない今、ＳＮＳ上で発信を続けるキュレーターが、君のメンターになってくれるはずだ。

The Truth about Money

29

□ 情報の洪水で溺れないためにもキュレーションを利用しよう

□ 記者クラブメディアに存在価値はない

□ 自分にわからないことは、信用できる人のSNSをのぞきその意見を参考にするのもいい

30

セルフブランディング

こんまりが欧米で大ブレイクした「魔法」の計算式

ＳＮＳで「運動しろ」だの「肉ばかり食べてないで野菜も食べろ」だのとディスってくる輩《やから》がいる。赤の他人の健康状態が気になってしまうほどヒマなのか？　というツッコミはさておき、たしかに僕がスポーツをしているイメージは薄いと思う。有料メルマガに連載している日記を読んでもらえればわかることだが、僕はけっして運動不足ではない。それどころか、平均的な日本人よりもよっぽど体を動かしている。

人当たりのよさを「レベル１」程度に調節

僕は年に数回はアドベンチャーレースやトライアスロンに参加するし、週１くらいのペースでゴルフをやる。「タバタ式トレーニング」や筋トレ、キックボクシングもやっているから、毎日のように運動をしている。ただ、「運動しているパブリックイメージ」を欲しいとは思わないので、積極的にアピールしていないだけだ。

そもそも僕は、パブリックイメージをよくしたいとも思っていないし、人当たりのよさを売りにしようなんて微塵《みじん》も思っていない。だからメディアに露出するときは、ニコニコ八方美人ではなく少しムスッとした顔をして、ツッケンドンで突き放したモノの言い方をしたりもする。

人当たりのよさをわざと「レベル1」程度に抑えておいて、プライベートでは素の自分を出す。普段そっけなくしているから、個人的に人に会うと「あれっ、堀江さんって全然いい人じゃないですか」なんて驚かれることもよくある。相当のイメージギャップがあるということだろう。『サンデージャポン』やSNSを見ている人からどんなにディスられようが、僕はあえてそうしているのだ。

その反対に、好感度の高い人は大変だ。「ジャパネットたかた」の髙田明さんみたいに普段から人当たりがよすぎると、真顔でいるだけで「全然ニコニコしてない」「実は裏表がある人なのかもね」なんて陰口を叩かれかねない。人気者はつらいと思う。

また、ひとたび「いい人」のパブリックイメージをもたれてしまうと、まったく面識もない人から「写真撮ってください」「握手してください」と声を掛けられてウンザリする。僕自身、衆議院選挙に立候補したときには握手やツーショット撮影を求められてもみくちゃにされた。その点、好感度を「レベル1」に抑えておけば非常に気が楽だし、自分のフィールドにバリアを張って人払いができる。一種のセルフブランディングだ。

政治家や飛行機の客室乗務員、居酒屋の店員や美容師みたいな客商売なら、ニコニコ愛想よくしていたほうが商売はやりやすいと思う。そうでない職業の人たちまで、万人から好かれようとつくり笑いをするのはバカバカしい。サラリーマンですらない僕は、「自分がやりたいようにやる」という自己中でちょうどいいのだ。

欧米で「こんまり」がウケまくった理由

セルフブランディングの成功例といえば『片づけの魔法』で大ブレイクした「こんまり」（近藤麻理恵）だ。片づけ本がベストセラーになると、「spark joy」をキャッチフレーズに北米で翻訳本を出した。さらにネットフリックスの番組が全世界で「Awesome!」（超イケてる）とウケた。

こんまりは通訳を横につけ、あえて英語では喋らない。小柄で「平たい顔族」の日本人女性が、カーペットの上にチョコンと正座して日本語で話す。このスタイルが欧米人にとっては新鮮であり、「謎めいた東洋の女性」の語りが魅力的に映った。これは海外でウケるように、こんまりが計算してつくり上げたセルフブランディングの完成形だ。

アニメ映画『君の名は。』がメガヒットするまで、新海誠監督の名前はそれほどメジャーではなかった。映画が大成功した理由の一つに、川村元気プロデューサーの存在がある。それまでの新海誠作品は、監督がやりたいようにつくる極私的オタクの世界観があったが、『君の名は。』ではその新海誠ワールドがトーンダウンしているのだ。川村Pが監督と相当ガリガリやり合ったのではないかと思う。その結果、ようやくメジャーな雰囲気の作品ができたのだ。

続く『天気の子』は興行収入１００億円を突破したが、『君の名は。』のような映画を期待した観客は「あれっ」と虚を衝《つ》かれたはずだ。万人ウケした『君の名は。』に比べると、この作品は「いつもの新海誠」的なオタクワールドに逆戻りしている。それでも『君の名は。』大ヒットの余韻があるから、映画は大当たりした。

「こんまりはクール」というイメージでガッチリ客の心をつかんでしまえば、ファンはネットフリックスのレギュラー番組を次から次へと視聴して「シーズン２はいつ始まるのか」と期待する。「新海誠の作品は期待を裏切らない」というイメージでガッチリ客の心をつかめば、ファンは１９００円のチケットを買って映画館にわざわざ来てくれる。「心をつかむ」というのは、言い換えると「こんまりなら」「新海誠作品なら」という信用をゲットしている、ということだ。

信用がくさびのようにしっかり打ちこまれていれば、客（お金）はあとから芋づる式についてくるのだ。自分自身の価値を高めるために、パブリックイメージを意識的に調整してセルフブランディングし、戦略的に行動してほしい。

The Truth about Money

30

□ パブリックイメージは意識的に調節することも可能

□ 大ヒットするコンテンツはブランド戦略がきちんと練られているものだ

□ セルフブランディングに成功することで周囲からの信用を勝ちとれる

31

宇宙開発

ホームセンターでかき集めた資材でも宇宙ロケットは打ち上げられる

北海道大樹町《たいきちょう》で僕が立ち上げたインターステラテクノロジズは、「夢」を実現するために努力を重ねてきた。ロケット発射実験は失敗に失敗を重ねたものの、2019年5月4日、日本の民間ロケットとしては史上初めて宇宙空間に到達した。宇宙まで到達できた民間企業は世界でもまだ数少ない。大きな一歩前進だ。

イーロン・マスクが率いるスペースXは、全長約50メートル、直径約9メートルの100人乗り宇宙船を開発した。23年予定の月旅行は、前澤友作さんも予約済だ。アマゾンのジェフ・ベゾスも、負けじと有人月旅行へ向けて実験を急ぐ。大型の宇宙船のみならず、世界では小型ロケットの開発競争が旬だ。ロケットベンチャーへの全世界の投資額は2兆円に及ぶ。

だが日本の投資家の間では、宇宙開発への意識がまだ乏しい。資金難に苦しむ僕たちは、開発費を極限までケチった。1961年にアメリカが「アポロ計画」を立ち上げてからすでに半世紀以上が過ぎているが、この時代に取得された関連特許はとっくに特許権が切れているため、無償で使うことができる。今でも使えるノウハウと技術が満載なので、まずこれを最大限活用した。

NASAやJAXAのように国家主導でロケットを開発する場合、民間ロケットに比べ、かかる費用はケタが2個も3個も違ってくる。国がつくるロケットの部品はすべて一点モノだが、民間企業ではそうはいかない。ホームセンターで売られている格安の既製品をかき集めてきて部品にするなど、工夫に工夫を重ねてロケットを自前で製造した。その結果、開発期間は通常の半分、コストは4分の1まで圧縮できたのだ。

応援団があちこちからサポートしてくれたことも大きかった。お弁当を何度も差し入れしてくれたり、打ち上げ補助のボランティアに参加してくれる人もいた。大樹町は広大な土地を貸してくれた。別項で書いたとおり、クラウドファンディングで応援してくれた人もいる。

打ち上げ実験をやるたび、大樹町は町おこしイベントとして盛り上げてくれた。早朝からギャラリーが集まり、今か今かとロケット打ち上げの様子を見守ってくれたのだ。みんなの陰なるサポートがあったからこそ、僕らのロケットは宇宙空間へ飛び出すことができたのだ。

「宇宙開発＝公共事業」というのは時代遅れ

「イノベーションが立ち遅れ、世界から取り残されている」という日本悲観論が飛び交うなか、僕は希望をもっている。日本にとって宇宙産業はきわめて有望な分野であり、世界に勝てる数少ない産業なのだ。

それはなぜか。第一に、日本は地理的に優位なポジションに立っている。ロケットは地球の自転速度を利用し、東に向けて打ち上げるのが常識だ。自転と逆行して西向きに打ち上げる理由はない。地球観測衛星や気象衛星は、縦回りの極軌道をグルグル回転させるため、南ないし北へ向かって打ち上げる。インターステラテクノロジズが拠点とする大樹町を擁する北海道は、東・南いずれにも打ち上げ可能な立地条件がそろっているため、ものすごく有利なのだ。

さらに、ホームセンターで部品がそろうくらい、日本のものづくり産業は条件が整っている。部品をいちいち海外から輸入すると、余計な時間がかかるし移送コストもかさむ。「こいつらはミサイルでもつくろうとしているんじゃないか」と、輸入元の当局からも日本の税関からも睨《にら》まれ、かなり面倒くさい手続きを要することもありえる。

その点、国内で必要な部品を調達できる日本は条件がいい。発射場のすぐ隣に工場をつくれば、ロケット運送のコストカットもできる。宇宙産業に必要な条件を考えると、日本はアドバンテージだらけなのだ。

「宇宙開発＝公共事業」という思いこみを、そろそろ捨て去ってもらいたい。「官から民へ」という発想で民間主導による宇宙開発が進めば、国家予算のムダ使いをカットできるだけでなく、技術が向上するスピードもグンと加速する。

また、小型ロケットでバンバンものを打ち上げられるようになれば、たとえば宇宙探査ミッションなんかももっと気軽にできるようになる。「低コストの輸送」には確実なニーズがあるから、日本での打ち上げは世界で注目されるだろう。もしかすると、日本経済が復活するための希望の光にさえなるかもしれない。

みんなのキラキラした目が遠い宇宙を見つめていた

誰もが宇宙に行けるようになったとき、何が起こるのか。社会システムや人間の価値観、哲学までが一変してしまうものと僕は信じている。

大樹町でロケットを飛ばしたとき、みんなのキラキラした目が遠い宇宙を見つめた。地上の社会で起きるゴタゴタやギスギスした軋轢《あつれき》なんて忘れて、みんなで空を見上げながら未来に希望をもてる。

青くさいことを言えば、宇宙開発は人類の融和と世界平和に直結すると僕は信じるのだ。

The Truth about Money

31

□ 北海道はロケット打ち上げに有利な地理条件に恵まれている

□ 民間主導で取り組めば低コスト・高スピードで宇宙開発が進む

□ 宇宙開発によって世界平和が実現すると僕は信じている

32

お金のいらない世界

テクノロジーが進化するほどに経済社会は「原点」へ回帰する

２０１８年の日本のＧＤＰ（国内総生産）は前年比０・８％増だった。高度成長期の日本は１９５５年から73年までの間、おしなべて10％以上もＧＮＰ（国民総生産）をのばしていた。このころに比べると信じられないような数字だろう。日本はこれから、マイナス成長のつらい時代を耐え抜かなければいけないのだろうか。

実は、国の豊かさを測るものさしとしてＧＮＰやＧＤＰはけっして万能とはいえない。ＧＮＰ、ＧＤＰが取りこぼしているＱＯＬ（クオリティ・オブ・ライフ）という観点にフォーカスしてみよう。

とんでもない額の「消費者余剰」が隠れている

経済学の世界では「消費者余剰」という考え方がある。消費者が「マツタケ１本にギリギリ４０００円までなら払ってもいい」と見積もったとしよう。マツタケを３０００円で買えたら、「差し引き１０００円分、得をした」という顧客満足度が消費者余剰として残る。この数字は消費者の心の中に隠れているものなので、ＧＤＰにはカウントされない。

だが野村総合研究所によると、この数字をきちんとカウントすれば、ＧＤＰは０・７％という微々たる成長ではなく３・８％増にのぼるというのだ（２０１６年）。スマホのメッセンジャーアプリ、LINEのユーザーの消費者余剰だけで年間6・9兆円にもなるというから驚く。

昔はファミコンのカセットが1本5000円もしたのに、今はスマホゲームを無料で楽しめる。YouTubeだってグーグルマップだってタダだ。恋人が海外留学していたり遠距離恋愛だったりすると電話代が月に何万円もかかって死にそうだった、なんていう時代が懐かしい。

スマホとネットの技術革新によって、「娯楽にお金がかからない」いい世の中になった。以前はVHSやDVDのレンタル代が1本350円とか400円だったが、アマゾンプライム・ビデオやネットフリックスにアクセスすれば、月額数百円で映画やアニメをいくらでも「見放題」だ。タダないしタダ同然の値段で享受できるこれらのサービスを消費者余剰だと考えれば、今はそんなに悪い時代じゃない。

ユニクロのヒートテックなんてあんなに安いのにメチャクチャ高性能だし、そのほかのファストファッションも充実しているから、手軽に今風のコーディネートを取り入れられる。Wi-Fiさえあれば仕事はオンラインでできる。ド田舎に引っ越せば家賃はタダ同然だし、満員電車に乗る必要もない。QOL（クオリティ・オブ・ライフ）は下がらないどころか、むしろ上がる。

ひょっとすると、これからの時代はお金すら必要なくなるかもしれない。古代の人々は、お金はおろか、儲けとか貯金といった概念すらもたず、コミュニティ内のみんなで助け合って生きていた。コミュニティ外でも、お金なんて媒介することなしに物々交換で必要なモノやサービス、医療や介護まで融通し合うことができた。

お金には換算できないプライスレスな消費者余剰が、右肩上がりで増えていく。そんな近未来が待ち受けているかもしれないのだ。

信用さえあれば絶対食いっぱぐれることはない

「お金がいらなかった時代」への原点回帰は、人類にとって退化ではない。経済社会からムダがなくなり、本質だけが残るということだ。インターネットの技術革新により「ピア・トゥ・ピア」で個人と個人が直接つながれるようになった。その結果、クラウドファンディングや仮想通貨が生まれた。「このプロジェクトは面白そうだから応援してあげよう」と投げ銭するように、信用さえあれば、「面白そうなこと」と「お金」を物々交換できるようになったのだ。

具体的に説明しよう。すでに話したように、僕は北海道大樹町《たいきちょう》でロケット事業に挑戦している。そして、このプロジェクトが一種の町おこしになっているのだ。思いつきで「滑走路をあと300メートル延伸したらホンダジェットが着陸できるんだけどなあ」とか「海沿いにVIP用のゲストハウスをつくりたいな」なんてツイッターでつぶやくと、地元の建設会社の社長さんが「その工事、ウチでできるけどやろうか?」と言ってくれたりする。まだ実現はしていないが、冗談抜きで「大樹町をロケットの町にするために一肌脱ぎたい」と、手弁当でやってくれそうな勢いなのだ。

キングコングの西野亮廣《あきひろ》君は、絵本『えんとつ町のプペル』の世界観を体現した美術館を、出身地の兵庫県川西市に建設しようとしている。彼は「美術館の工事を1日3000円で体験できます」という権利を売ろうと妄想しているそうだ。応募してきた人が3000円カンパしたうえに、大工として1日喜んでタダ働きしてくれる。お金の常識をひっくり返すようなファイナンスによって、彼は本気で美術館をつくろうとしている。

僕や西野君がやることを面白がってくれ、プロジェクトに賛同してくれる人は、お金も労働力も無償で「投げ銭」して応援してくれる。僕や西野君に信用があるおかげだ。君たちだって同じだ。信用さえあれば絶対食いっぱぐれることはない。

お金を貯めることに夢中になるのではなく、今日から信用を貯めることを始めよう。そうすれば「お金はあとからついてくる」という逆転現象が起こるはずだ。

The Truth about Money

32

□ GDPだけでは国の豊かさは測れない

□ 無料、またはタダ同然の値段で受けられるサービスがどんどん増えている

□ 「お金がいらなかった時代」への原点回帰は、人類にとって退化ではない

あとがき

西太平洋のミクロネシア連邦に、ヤップ島という小さな島がある。

そこではかつて、石貨が使われていた。

直径3メートル、重さ5トンを超えるような巨大サイズのものまであったらしい。サイズが大きくなればなるほど、その値打ちは上がった。

石貨は、島内では採れない鍾乳石などでつくられた。ヤップの人々は500キロも離れたパラオまではるばるカヌーで出かけていき、この貴重な石を持ち帰ったそうだ。

あるとき、パラオから戻るカヌーが嵐に遭って石貨が海の底に沈んでしまった。が、石貨をサルベージしようなどと考える者はいなかった。そんなの骨折り損だ。海底にあるとはいえ、石貨は確かに「そこに」存在するのだから、島民たちは所有者の名前を記憶に刻んで語り継ぐことにした。

海底に沈んだ石貨は、まさに現代の「仮想通貨」そのものだ。目に見えず、手で触ることもできないが「みんながその価値を認めている」お金である。

本質を紐解けば、1万円札も仮想通貨も、そしてヤップ島の石貨もなんら変わらない。

本書で説明したとおり、インターネットの誕生（＝技術革新）によって、人間の「経済の営み」はシンプルな形式に原点回帰しつつある。

僕らの遠い祖先が暮らしていた原始の時代、お金なんていうものは必要なかった。

そして、そう遠くはない未来、「お金が必要ない世界」がやってくるかもしれない。実際に、「所有しないこと」、つまりシェアとノマドはますます当たり前になってきている。

「お金がいらなくなった世界」で、君たちはどう生きるか――。

本書を通じて僕がいちばん問いかけたかったことは、この点に尽きる。

2020年2月　堀江貴文

堀江貴文 Takafumi Horie

1972年、福岡県八女市生まれ。実業家。SNS media & consulting 株式会社ファウンダー。現在は宇宙ロケット開発やスマホアプリのプロデュースなど、幅広く活動を展開。有料メールマガジン「堀江貴文のブログでは言えない話」の読者は2万人を超え、2014年には会員制のオンラインサロン「堀江貴文イノベーション大学校（HIU）」を設立。近著に『多動力』（幻冬舎）、『10年後の仕事図鑑』（SBクリエイティブ／落合陽一氏との共著）、『バカとつき合うな』（徳間書店／西野亮廣氏との共著）、『疑う力』（宝島社）など多数。

99%の人が気づいていない お金の正体

2020年2月27日　第1刷発行

著者　堀江貴文
発行人　蓮見清一
発行所　株式会社宝島社
〒102-8388　東京都千代田区一番町25番地
電話（営業）03-3234-4621
（編集）03-3239-0646
https://tkj.jp
印刷・製本　中央精版印刷株式会社

Printed in Japan
ISBN 978-4-299-00125-2